Brand Identity Breakthrough

HOW TO CRAFT YOUR COMPANY'S
UNIQUE STORY TO MAKE YOUR
PRODUCTS IRRESISTIBLE

By Gregory V. Diehl
Foreword by Alex Miranda

Грегори В. Дил

РЕВОЛЮЦИЯ БРЕНДА

Как создать уникальную историю
вашего бренда и сделать ваши
продукты неотразимыми

Предисловие Алекса Миранды

УДК 65.01
ББК 65.290-2
Г79   Гре

Gregory V. Diehl "Brand Identity Breakthrough"

Перевод с английского
Петренко Анастасия

Художественное оформление
Петренко Анастасия

ISBN 978-1-945884-09-2 (Identity Publications)

Второе издание, октябрь 2016

www.GregoryDiehl.net

www.IdentityPublications.com

Методическое пособие

Посетите сайт www.brandidentitybreakthrough.com/free, чтобы скачать методическое пособие «Революция бренда» и введение к онлайн-курсу.

Посвящается женщине, которая мотала меня за 5000 долларов во время подготовки этой книги.

Содержание

Отзывы о «Революции бренда» ------------------------------------9
Предисловие Алекса Миранды------------------------------- 14
Предисловие --- 20
Введение-- 23

Раздел I. Почему фирменный стиль имеет значение ---- 33
Глава 1. Можете ли вы рассказать хорошую историю? ----------- 39
Глава 2. Когда хорошие идеи терпят крах ------------------------ 47
Глава 3. Почему вы не видите собственной ценности ----------- 57
Глава 4. Почему другие не видят вашей ценности--------------- 64

Раздел II. Создание своего собственного фирменного стиля -- 75
Глава 5. Определение своих главных ценностей ----------------- 81
Глава 6. Разработка уникального торгового предложения ------- 89
Глава 7. Создание своего личностного профиля ----------------102
Глава 8. Знакомство со своей целевой аудиторией-------------115

Раздел III. Раскажите свою историю миру ---------------- 126
Глава 9. Как продать себя------------------------------------134
Глава 10. Как говорить ясно, властно и неординарно ----------153
Глава 11. Как проявить себя в письме -----------------------162
Глава 12. Как обучить свою аудиторию------------------------174

Раздел IV. Практические примеры использования образа бренда-- 187
Практический пример № 1. Подготовка двусторонней торговой биржи к запуску----------------------------------189
Практический пример № 2. Как превратить благотворительный проект в движение, приносящее прибыль 198
Практический пример № 3. Стремительный рост личностного бренда благодаря описательному фокусу--------------------208
Практический пример № 4. Ребрендинг негативного образа целой индустрии--222

Практический пример № 5. Значение личности в технической сфере --234

Раздел V. Ресурсы для начинающих предпринимателей
--245

Приложение 1. Определение предпринимательских терминов 256
Приложение 2. 50 полезных вопросов для начала предпринимательской деятельности------------------------------265
Приложение 3. Как заработать деньги онлайн--------------------270

Хотите узнать больше? ---276
Слова благодарности---277
Об авторе ---278

Отзывы о «Революции бренда»

«Многие владельцы малого бизнеса просто не понимают критической важности создания своей собственной истории. Большинство компаний предлагает продукт или услугу, которые могут быть приобретены в другом месте, а перспектива быть выбранным часто сводится к тому, как вы рассказываете свою историю. Прочтите книгу Грегори В. Дила "Революция бренда", и у вашей компании всегда будет наиболее убедительная и успешная история».

Пит Сиско, ResilientPersonalFreedom.me

«После прочтения этой книги я был просто в шоке: я делал так много из того, что делать нельзя! Я считаю ее обязательной к прочтению для всех владельцев бизнеса независимо от того, на каком этапе вы в данный момент находитесь. А для людей, которые, как и я, живут по принципам, описанным Тимом Феррисом, эта книга должна стать ледяным душем, а также незаменимым инструментом в их арсенале».

Эрик З, Zbooks.co

«С того момента как я начал читать эту книгу, на меня падали бомба за бомбой, которые заставили меня пересмотреть свои принципы. Меня поразили те детальные знания, которые я почерпнул из "Революции бренда". Настоятельно рекомендую к прочтению!»

Крис П. Рейнолдс, The Entrepreneur House & The One Effect

«Довольно часто в погоне за новыми способами развития бренда суть, которая делает его по-настоящему особенным, остается далеко позади. "Революция бренда" предоставляет владельцам бизнеса исчерпывающее руководство, которое может обеспечить их компанию необходимыми инструментами. Дил имеет полную власть над этим тонким ремеслом, что и показывает в письменном виде в данной книге... Именно это и является для меня сутью любого успешного бизнеса: расти, адаптируясь к меняющимся тенденциям и клиентам».

Пурушотаман Раджагопал, CEO в InfinityMedia.in

«Эта книга – брендинг на стероидах. Это сочетание маркетинга, бизнеса, финансирования и предпринимательства. Она мотивирует, вдохновляет и обучает. Я хочу использовать этот материал для подготовки своих сотрудников, и я также попрошу их купить копии данного издания».

Асаф Халперин, Experior Financial Group

«"Революция бренда" предлагает читателю краткую, но потрясающую дорожную карту на пути к святому Граалю в создании устойчивого бренда в сфере бизнеса – золотой стандарт брендинга. Я ценю, уважаю и испытываю симпатию к Грегори В. Дилу за его правдивое, достоверное и целенаправленное стремление помочь людям во всем мире достичь финансовой свободы и успеха».

Хелена Линд, создатель и руководитель HelenaLind.com

«"Революция бренда" потрясающе логична в своей организованности, представляя каждую новую тему в нужный момент, чтобы все имело смысл в контексте тех аспектов, которые уже были затронуты. Это замечательное достижение! Как только я пролистал несколько первых страниц, я понял, что эта книга на самом деле качественная работа, объединенная с чем-то оригинальным и по-настоящему ценным».

Тим Коултер, «Вокруг Турции»

«Книга "Революция бренда" и ее автор помогли мне эффективнее управлять своим маркетингом, определить свою историю и разработать совершенно новый бренд. Я очень благодарен за огромные изменения, которые произошли в моем бизнесе благодаря этой книге».

Оливье Вагнер, 1040 Abroad

«Для меня "Революция бренда" является одним из лучших произведений литературы для любого предпринимателя».

Африканус Кофи Акоза, директор бизнес-лагеря «Африканская молодежь за мир и свободу»

«Я только что закончил читать "Революцию бренда", и моя реакция была: ничего себе!!! Я не ожидал, что эта книга окажется настолько ценной. В настоящее время я нахожусь в процессе запуска нового бизнеса, и чтение книги Грегори не могло произойти в более подходящее время».

Тойво Киммел, цифровой предприниматель

«Хотя я нахожусь в самом начале пути, "Революция бренда" все равно нашла во мне отклик. Книга предлагает очень практичные, сугубо деловые советы. Это не одна из этих мошеннических книжек в стиле "как быстро и без усилий разбогатеть", которые содержат исключительно пустые банальности; это действительно подлинный продукт. Книга написана с сердцем и искренностью. Вы на самом деле чувствуете страсть автора и его знание данного предмета. И по всему видно, что для него это не просто способ заработать. Он действительно хочет, чтобы читатель придумывал что-то новое и добивался успеха. Дил предлагает актуальные решения и реальные, обоснованные рекомендации, а не смутные вдохновляющие лозунги под видом "советов". 10/10».

Хосе Убико, начинающий предприниматель

«Можете ли вы рассказать хорошую историю? Я не могу этого сделать даже о своей жизни, не говоря уже о бизнесе. Люди повторяли мне много раз, что им нужно более полное представление о том, кто я и чем в действительности занимаюсь. Возможно, вы читали "Все маркетологи рассказывают истории" Сета Година или "Начните с вопроса «Почему?»" Саймона Синека о том, что важнейшими компонентами любого новаторского бизнеса являются вдохновленная цель, хороший брендинг и еще лучшая история. "Хорошо, но как на самом деле этого достичь?!" Данная книга отвечает на этот вопрос, и именно поэтому она была написана. Я рад, что Грегори создал эту книгу и у меня была возможность помочь превратить ее в онлайн-курс, чтобы распространить эту информацию среди максимального количества людей. Эта книга сэкономила мне годы маркетинга и брендинга, и я уверен, что вам она окажется не менее полезна».

Грант Уэхерли, онлайн-блогер в GrantWeherley.com

«Как для владельца малого бизнеса, эта книга созвучна с моим основным желанием: добиться успеха и заработать деньги. Но на более глубоком уровне "Революция бренда" является празднованием потенциала свободного рынка, который приносит пользу всем, кто в нем участвует. Книга не предоставляет сценарий, которому необходимо следовать, и не выступает в поддержку различных тактик продаж, которые вводят в заблуждение. Здесь изложены принципы, следуя которым человек может найти свое место в мире. Осознание своей сущности является ключом не только к финансовому успеху – это залог практически любого успеха. В то время как озвученной целью этой книги является улучшение эффективности бренда и проникновение на рынок, последствия ее прочтения оказываются гораздо более глубокими – как для индивидуума, так и для общества».

Люк Боуман, Bloom Landscaping

Предисловие Алекса Миранды

Что, если я скажу вам, что необязательно проводить 10 лет в Гималаях для того, чтобы найти цель в жизни?

Что, если существует формула для обнаружения ЕДИНСТВЕННОЙ ВЕЩИ, для выполнения которой вы существуете как предприниматель?

Я начал этот поиск еще в 2008 году. И в 2014, встретив Грегори Дила, я нашел еще одного человека, который так же, как и я, разгадал эту тайну. С тех самых пор мы вместе выполняем одну жизненную миссию – помогаем людям найти свою индивидуальность.

Я начал заниматься предпринимательством еще в 6 лет и с тех пор никогда не останавливался. Как и многие, я начинал с продажи сладостей и лимонада, затем перешел на физическую работу вроде мытья машин или стрижки газонов. По мере взросления мы находим новые способы зарабатывания денег – от игры на музыкальных инструментах на улице до продажи пиратских дисков или других вещей. Мы, предприниматели, всегда найдем способ продвинуться в погоне за... А, собственно, за чем?

Именно это мне и нравится в данной книге. Я абсолютно уверен, что ее читатели смогут наконец понять, ЗАЧЕМ они вообще занимаются тем, чем занимаются, и затем смогут использовать это знание для создания бизнеса, имеющего определенную цель.

Мы с Грегори встретились благодаря моему агентству Creative Complex. Мы помогли очень и очень многим увлеченным предпринимателям реализовать свое видение, предоставляя услуги по брендингу (логотипы, вебсайты, слоганы и т. д.).

Важной составляющей любого бренда является его послание миру. Мы с Грегори были партнерами во многих проектах, где я, доверяя его таланту, помогал найти клиентов на старте бизнеса, провести анализ бренда и составить УТП (Грегори расскажет об этом немного позже), что помогает компании рассказать всему миру о том, чем она занимается, для кого работает и зачем она это делает.

Грегори не было рядом на старте моей компании. Я основал ее в 2005 году вместе с несколькими моими друзьями. Мы превратили нашу гостиную в маркетинговое агентство. Это произошло как раз в то время, когда MySpace был на пике популярности и все ночные клубы Майами хотели с его помощью заработать. Мы создавали логотипы, вебсайты, флайеры и, конечно же, страницы в MySpace для ночной индустрии Майами. Представьте себе троих 20-летних парней, владеющих агентством, главный офис которого спустя год будет располагаться прямо в Майами-Бич, на пересечении Вашингтон-авеню и Четырнадцатой улицы, напротив ночного клуба «Особняк»!

Но спустя 5 лет, после огромного количества выпитого алкоголя, я начал уставать от ночной жизни. Клиенты оставляли желать лучшего; клубам очень редко удавалось продержаться более одного года. Люди приходили и уходили, и что-то внутри меня искало новое направление в личной жизни и жизни моего агентства.

До этого самого момента я на самом деле не осознавал, что существует что-то или кто-то более важный, чем я. Я был предпринимателем, который добился всего самостоятельно. Разве это не является самой сутью предпринимательства — добиться чего-то самостоятельно?

В это же время в моей жизни произошла радикальная перемена: я опять начал ходить в церковь. После этой трансформации я определил свою цель в жизни и начал изучать, как работает Бог для меня и моего бизнеса. Я начал рассматривать все в моем агентстве с той точки зрения, что я все это делал, потому что Господу было необходимо, чтобы оно существовало. Я безвозвратно отказался от ночной жизни и больше никогда не брал платы от ночных клубов. Я начал рассматривать своих клиентов с точки зрения предназначения и задавал себе вопросы типа: «Чего именно Бог ждет от этого человека?» Мои клиенты теперь были очень разными – от адвокатов до церквей. Я настолько увлекся помощью моей собственной церкви в создании своей индивидуальности, что в итоге написал книгу «Дорога к идеальному брендингу церкви». Главная цель этой книги – научить церкви всему, что им необходимо знать о потрясающем брендинге.

Думаю, не стоит говорить, что я влюблен в свое дело, мне нравится помогать людям находить свою цель в жизни; я увлечен индивидуальным брендингом и восхищен, что существует подобная книга, которая помогает предпринимателям найти то, для чего они были рождены.

Я встретился с тысячами предпринимателей с того момента, когда открылись двери моего офиса. Все приходили ко мне за логотипами и вебсайтами, поэтому, естественно, я был первым человеком, кому они звонили, когда начинали свой бизнес. И после того как я раз за разом помогал людям придумать свой собственный бренд, я понял много тех же принципов, которые описаны в этой книге: лучшие бренды – это те, которые знают, для чего они существуют в этом мире.

Стих Библии, который мне больше всего помог, – это Иеремия 29:11: «Ибо только Я знаю намерения, какие имею о вас, говорит Господь, намерения во благо, а не на зло, чтобы дать вам будущность и надежду».

На своем опыте я удостоверился, что Бог оставил для меня подсказки, и он хотел, чтобы я ТОЧНО знал, каковы его планы насчет меня. Он не дразнил меня морковкой и не прятал пасхальные яйца, чтобы я их искал. Подсказки были рядом со мной и только и ждали того, чтобы я их обнаружил.

Возможно, сейчас вы находитесь там, где был я в 2008 году, застряли в деле, которое не приносит вам радости в жизни и не имеет никакого значения. Вы знаете, что ваше предназначение намного выше, но безуспешно пытаетесь понять, в чем именно.

Или, возможно, вы занимаетесь чем-то, что действительно любите, но не можете добиться успеха. Вы живете от зарплаты до зарплаты, а иногда даже не можете заплатить себе, потому что в первую очередь нужно выплатить зарплату сотрудникам. У вас долги, отношения не складываются, и вам просто хочется все бросить и опять начать работать с 9 до 17, как все ваши «счастливые» друзья.

В то же время некоторые уже совершили предпринимательское самоубийство, и им пришлось закрыть свой бизнес. Вы в нокауте и не уверены, сможете ли вновь встать на ноги. Внутри вас было пламя, но свеча уже давно перегорела и надежды на восстановление отношений испаряются с каждым днем.

Могу ли я поделиться с вами одной вещью?

Когда бы вы ни обнаружили себя в подобном положении, не забывайте, что жизнь завела вас так далеко не для того, чтобы просто убить вашу мечту.

Второе дыхание приближается! Это ваше время! Откуда я это знаю? По той простой причине, что вы держите в руках эту книгу.

В «Революции бренда» Грегори научит вас практическим шагам к тому, чтобы обнаружить свою цель в мире бизнеса, и расскажет, как донести до своей целевой аудитории информацию о том, что вы работаете для них.

Никогда ранее в истории знание своей индивидуальности не имело такого большого значения. Современная парадигма разделения работы, личной жизни и высшей цели делит мысли человека на то, что он делает дома, на работе и что он делает для мира. Мы вынуждены жить тремя жизнями, поэтому неудивительно, что мы не можем освоить предпринимательство.

Я верю, что самым революционным в этой книге является следующий момент: когда вы прочтете ее до конца, вы поймете, что если вы все отпустите и останетесь верными себе и тому, кем вам суждено быть, клиенты сами придут к вам, а вам даже не придется ломать голову над маркетингом. Вы начнете работать в состоянии бессознательной компетентности — пространства, где вы находитесь наравне со своей истинной личностью и своим бизнесом и вместе делаете то, что вам предначертано.

Понимаете, я верю, что быть призванным сделать что-либо значит, что есть тот, кто вас зовет и хочет, чтобы вы преуспели, имея цель для себя и для бизнеса, и ваши обязанность, долг и ответственность — ответить на этот зов и забрать то, что ваше по праву. Каждый день, когда вы этого не сделаете, вы будете чувствовать свою несостоятельность и злость на сложившуюся ситуацию.

Мы с Грегори разделяем веру в то, что необычайно важно понимать, кем вы являетесь, и осознавать свою миссию в жизни, и именно поэтому Грегори попросил меня написать предисловие к этой книге. Мы оба верим, что ваш *личный бренд* уже находится внутри вас и просто ждет, когда вы его найдете, чтобы перейти на новые уровни счастья и жизни вообще. Мы также верим, что являемся посланниками тех сил, которые к вам взывают, и у нас есть особый дар находиться рядом с ЛЮБЫМ человеком, даже если он не предприниматель, и помочь ему увидеть цель своей жизни с помощью очень простых вопросов. Мы живем жизнью, наполненной целью, и выполняем миссию по предоставлению цели тем людям, которые готовы ее получить.

Эта книга перевернет с ног на голову вашу сущность и перенесет вас в жизнь, которую стоит прожить. И когда вы обретете эту жизнь, то больше никогда не будете оглядываться назад. Я каждый день благодарю Бога за то, что однажды он воззвал ко мне и к моей жизни. Я надеюсь, что послание Грегори будет услышано во всем мире, и я очень благодарен за то, что мне удалось стать частью этого путешествия вместе с читателем и автором.

Алекс Миранда, Корнелльский университет. Основатель www.CreativeComplex.com, автор книги «Дорога к идеальному брендингу церкви», Майами, Флорида

Предисловие

В наше время многие владельцы бизнеса и предприниматели до конца не понимают, что делает их идеи потрясающими. Их бизнесу недостает описания и более глубокого смысла. Они зацикливаются на поверхностных компонентах своего бренда, игнорируя при этом общий образ и основные ценности своей компании. А без них им никогда не удастся в полной мере передать привлекательность своих продуктов или услуг и внедрить их на рынок.

Я написал «Революцию бренда», чтобы помочь существующим и начинающим владельцам бизнеса определить свои собственные ценности и рассказать свои истории миру. С первого же дня и долгое время в будущем эти стратегии будут продолжать увеличивать ваше влияние на рынке. Правильное представление бренда убережет вас от множества ошибок и неверных шагов на пути к успеху, что, в свою очередь, может привести вас к рыночному господству.

У любой компании или независимого предпринимателя есть возможность разительно отличаться от своих конкурентов. Если вы персонифицируете свой подход к делу, то сможете избавиться от любых сравнений в вашей сфере деятельности и самостоятельно займете всю нишу. Вы станете не просто лучшим в своем деле – вы станете единственным, кто делает то, что делаете вы.

Эта книга является путешествием в мир личностных открытий и создания собственных ценностей. Будьте готовы к сложным вопросам и узнайте настоящие ответы на вопросы о том, кем вы являетесь и чего хотите достичь в этом мире. Будьте готовы предложить инновационные решения самых больших проблем ваших клиентов. Будьте готовы продемонстрировать свою индивидуальность и философские ценности, которые выделят вас из толпы.

Забудьте на мгновение все, что вы, по вашему мнению, знаете о том, как сделать свой бизнес успешным. Вы находитесь на пути к созданию новой индивидуальности, которая навсегда изменит функционирование вашего бизнеса в мире.

Эта книга написана для вас, если вы…

…Предприниматель, учащийся рассказать свою историю

Для вас привлекательность вашего продукта или услуги очевидна. Но ваша аудитория не разделяет ваших чувств. Почему другие не понимают ваш месседж? Почему они не видят преимуществ, которые для вас так очевидны? Разговоры о том, что вы можете сделать или уже делаете, могут быть даже сложнее, чем сами ваши действия, особенно если никто не научил вас, как сфокусироваться на тех вещах, которые больше всего беспокоят ваших клиентов. «Революция бренда» расскажет вам о навыках, которые помогут преподнести вашу идею наилучшим образом.

…Создатель стартапа, нуждающийся в свежей идее

Куда вы обратитесь, когда последняя стратегия вашего стартапа перестанет работать? Если вы не знаете, почему вашим клиентам нравится работать с вами, вы не будете знать, как оптимизировать свой подход к делу. Вы также не будете знать, какие ваши действия приближают вас к вашей основной цели, а какие, наоборот, отдаляют от нее. «Революция бренда» научит вас, как идентифицировать факторы, которые делают ваш бизнес ценным в глазах вашей аудитории, и как сделать их главным элементом любой рекламной деятельности.

…Владелец компании в поисках ребрендинга

Большие цели требуют смены маркетингового фокуса вашей компании. Возможно, вы достигли точки, когда ваша первоначальная стратегия оповещения больше не может дать вам ничего нового. Самое время расширять горизонты. Существует ли новая вертикаль, в которую вы с легкостью можете вписаться при условии, что вы знаете свои предлагаемые преимущества или индивидуальность? «Революция бренда» научит вас, как преподнести свою компанию в соответствии с более высокими амбициями.

Я искренне стремлюсь помочь вам стать тем человеком, которым, как вы всегда знали, вам суждено быть и в бизнесе, и в жизни.

Грегори В. Дил, автор и наставник www.GregoryDiehl.net

Введение

Представьте, что вы оказались на борту самолета, который потерпел крушение на необитаемом тропическом острове. И вы единственный выживший. По мере того как вы исследуете округу и обломки самолета, вы находите ограниченное количество припасов, которые помогут выжить в этой неизведанной среде: коробок спичек, одеяло, карманный нож, упаковки с едой и достаточно материалов, чтобы обустроить себе самое элементарное пристанище.

Учитывая огромное количество более ужасных вариантов исхода, вам очень повезло, что у вас есть возможность начать новую жизнь в этих относительно комфортных условиях. Вам пока не нужно тушить пожары или заниматься решением других срочных проблем. У вас есть уникальная возможность воспользоваться свободным временем, чтобы оценить окружение и критически обдумать свои дальнейшие шаги. В конце концов, вам придется сделать главный выбор в своей жизни. Он определит все дальнейшие события. Вам предстоит выбрать, что делать дальше: обезопасить себя и минимизировать вероятность проигрыша или рискнуть и максимизировать потенциал для улучшения ситуации.

Собираетесь ли вы отправиться на охоту? Или вы будете просто сидеть в своем лагере и надеяться, что вас спасут прежде, чем у вас закончатся все припасы? Собираетесь ли вы путем проб и ошибок сделать копье, которое поможет вам в охоте на дикого кабана? Найдете ли вы способ собирать дождевую воду и будете ли искать другие источники пресной воды? Попробуете ли вы построить более надежный шалаш, который будет выдерживать смену погоды?

Или же вы просто будете играть наверняка, прячась в надежном месте, рационально используя те припасы, которые у вас есть, в надежде, что их хватит до того времени, когда появится третья сила и спасет вас из этой неприятной ситуации? Рассматриваете ли вы себя только в качестве жертвы положения, вытащить из которого вас сможет лишь тот, кому повезло больше? Чем дольше вы будете откладывать принятие этого важного решения, тем больше возможностей вы упустите.

Будничная реальность у предпринимателей очень похожа на сценарий выживания на необитаемом острове. Вам приходится идти на риск, чтобы извлечь как можно больше выгоды из ситуации, или отказываться принимать какие-либо решения из-за страха сделать все еще хуже. Будущее вашего бизнеса зависит от решений, которые вы принимаете прямо сейчас.

Временами вам будет казаться, что вы хватаетесь за каждую соломинку в надежде добиться успеха и что вам всегда необходимо будет бороться, чтобы что-то получить. Если вы окажетесь настойчивым достаточно долгое время и будете учиться на своих ошибках, вскоре вы станете повелителем своей среды. Вы будете точно знать, как бросить копье под правильным углом, чтобы обеспечивать себя ужином каждый вечер. Ваша личность разительно переменится в соответствии с требованиями окружающей среды. Если вы откроетесь процессу адаптации, то больше никогда не будете тем человеком, который совершил посадку на этом острове.

В то же время есть вероятность, что человеку, который ожидает спасения, повезет и его действительно спасут. Конечно, есть шанс, что он выживет, но он сделает это, ни капли себя не изменив. У него не будет новых навыков, знаний или развития внутреннего «я». С другой стороны, человек, который освоил окружающую среду, даже при условии, что он был спасен и возвращен к привычной жизни, станет абсолютно другим человеком, готовым приспособиться и покорить любую ситуацию, что бы жизнь ему ни преподнесла. Он способен выполнять множество функций, удерживая в себе различные аспекты личности, незаметно меняясь в соответствии с требованиями той или иной ситуации.

Возможно, вам кажется, что вы и так довольно хорошо ориентируетесь в деловой среде, в которой оказались. Возможно, вашего текущего уровня информированности и способностей было вполне достаточно, чтобы поддерживать свой собственный бренд или небольшой бизнес до этого момента. Но условия никогда не бывают неизменными длительное время. Чтобы постоянно добиваться успеха и поддерживать его, предприниматель должен уметь приспосабливаться к новым условиям, в которых может оказаться. Если же ничего не меняется, то это значит, что нет никакого роста. В конце концов, все мы или растем, или умираем.

Ваш бренд – это продукт вашего собственного развития в качестве предпринимателя. Хотите ли вы стать тем человеком, который работает ради покорения своей среды? Или вы хотите просто сидеть и ждать, когда ветер перемен подует в вашем направлении? Именно степень комфорта в незнакомой ситуации определяет мастера идентификации. Он может не знать, что станет делать, но знает наверняка, что найдет выход. Предприниматель может найти порядок в хаосе и непроизвольно улучшить свое положение, просто изменив себя.

Что, если вы не знаете, есть ли у вас врожденные качества предпринимателя? Если вы всю жизнь были обычным сотрудником, получающим зарплату, то вам может быть непривычно существование в сфере предпринимательства. Вполне естественно быть потрясенным идеей о том, что вы сами ответственны за свой успех в бизнесе. Однако тот факт, что вы сейчас читаете эту книгу, достаточно говорит о том, какой большой потенциал дремлет внутри вас независимо от вашего прошлого опыта.

Многие проживают жизнь, не замечая возможностей роста своего потенциала, потому что они так и не смогли отказаться от привычной манеры поведения, навязанной им обществом. Конечно же, есть виды деятельности, где необходимо уметь приспосабливаться, изучать что-то новое и постоянно расти, но большинство из нас существует в контексте более масштабного плана, принятого за нас людьми с более высокой должностью.

Эта книга должна провести вас по пути перемен от того положения, в котором вы находитесь сейчас, к месту, где вы хотите себя видеть. Единственный настоящий способ узнать предел своих возможностей — это продолжать постоянно себя испытывать. Я надеюсь, что вы с полной серьезностью отнесетесь к тому, что написано в последующих главах, и начнете думать о том, как улучшенные информированность, коммуникация и идентификация могут дать новое дыхание вашей личной жизни и бизнесу при условии, что вы готовы адаптироваться и процветать (а не только выживать) в диких условиях, которые вас ожидают.

Мой неординарный путь

Для определенного типа людей стандартное решение никогда не будет подходящим вариантом. С самого раннего детства я осознавал, что мне не нравится то, как взрослые строят свою жизнь. Я не понимал, как большинство из них могут быть счастливыми, проводя время на работе, которая не имела ничего общего с их настоящими пристрастиями и за которую они получали немногим больше суммы, необходимой для покрытия всех текущих расходов. Мне казалось, что это общепринятая норма поведения — отказаться от стремлений, приключений и любопытства, чтобы лучше вписаться в шаблон, который другие для нас уже подготовили. Я был уверен, что есть и другие варианты существования.

Но мне пришлось немного повзрослеть перед тем, как у меня наконец появилась возможность исследовать другие способы прожить свою жизнь. Когда мне исполнилось 18 лет, я переехал из родительского дома в Южную Калифорнию и вполне комфортно жил в огромном фургоне «Форд Эконолайн», заканчивая при этом школу и подрабатывая уроками игры на гитаре и всякими другими способами, доступными в Сан-Диего.

Мой эксперимент на этом не закончился. Та степень свободы, которую я испытал во время моего первого неконтролируемого приключения, — ничто по сравнению с перспективами, которые открылись передо мной во время путешествия по всему миру после окончания школы. Осознание своего предназначения во время этих поездок заставило меня стать гибким и экономным. Порой приходилось сложно, но мое желание жить и зарабатывать деньги на моих собственных условиях поддерживало меня на выбранном пути до тех пор, пока я не заработал достаточно, чтобы стать финансово независимым.

Жизнь в мультикультурных обществах также показала мне, что мир не такой, как мне рассказывали. Еще многие годы после этого я испытывал очень сильный когнитивный диссонанс, так как продолжал узнавать новые вещи, которые противоречили моим прежним взглядам на мир.

Поездки по странам, которые выбирал я сам, показали мне, что люди принимают решения, основываясь не на реальном положении дел, а на историях, которыми наполнены их представления о том, как все должно быть. Мне всегда говорили, что Латинская Америка — это очень опасное и нестабильное место. Вместо этого я встретился с одними из самых приветливых и работящих людей во всем мире. В то же время я узнал, что истории с легкостью могут быть использованы для изменения и манипулирования человеческой ментальностью с определенными целями.

Во время своего кругосветного путешествия я давал уроки в таких странах, как Китай, Таиланд, Ирак, Италия, и в различных государствах Латинской Америки. Благодаря такому прямому влиянию на развитие детей из различных сословий и культур я обрел уникальный взгляд на то, как люди вынуждены думать, начиная с самого раннего возраста. Во время своего волонтерства в Гане, в бизнес-лагере «Африканская молодежь за мир и свободу», я помогал подросткам и молодым людям научиться видеть окружающий мир глазами предпринимателя. Это означало не просто создание ценности, а навыки того, как донести свое послание всему миру.

Стереотипы, с которыми столкнутся эти молодые предприниматели, поднимающиеся из бедности к господству на мировом рынке, будут такими же, с которыми столкнетесь вы во время представления нового продукта или услуги людям, думающим, что они отлично знают, чего хотят. Коммуникация – это мост, который разрушает барьер, стоящий на пути к принятию новых идей, и все это является функцией убедительного образа бренда. Образование искореняет сопротивление новым идеям, присущее всем нам.

Вскоре после начала моего путешествия я встретил 70-летнего мужчину по имени Джон А. Пагсли, а друзья звали его Джек. Он был очень влиятельным писателем об экономике свободного рынка. Самые известные его работы – «Альфа-стратегия: универсальный план финансовой самообороны» и «Общие принципы экономики: ваш путеводитель к финансовой независимости в век обесценивания». В то время я еще не очень хорошо представлял, какую роль мне предстоит сыграть в глобальном смысле, но с каждым днем я все отчетливее осознавал свое предназначение. Джек тратил очень много своего времени, обучая меня предметам которые, по его мнению, должны были помочь мне сделать что-то стоящее.

Джон А. Пагсли скончался всего через 2 года после нашего знакомства, но за эти пару лет я очень многому научился благодаря его работам и времени, которое мы провели вместе за обсуждением того аспекта, что большие объединения людей не должны существовать в произвольном хаосе, вопреки моим прежним убеждениям. Это все было частью тщательно продуманного порядка, называемого рынком. Это стало для меня первым функциональным фильтром, благодаря которому я начал понимать мир товарообмена. Я осознал, что предприниматель — это человек, который создает новые ценности и который может убедить людей принимать выгодные для него решения, о которых они ранее даже не догадывались.

Перед этим кардинальным переворотом, произошедшим в моем сознании, мне было очень сложно понять, как человеческая раса сможет прогрессировать из своего нынешнего положения политической и экономической незрелости. Несмотря на мои новообретенные взгляды на человеческую культуру, я все равно не знал, что мне делать со своей жизнью и каково это — играть важную роль в мире людей. Сейчас я знаю, что каждое свое действие человек совершает в погоне за счастьем или же для того, чтоб избежать несчастья. Все мы стараемся сделать свою жизнь лучше. И каждый в этом мире делает для этого все, что в его силах.

У всех у нас разное понимание счастья и наилучших способов его достижения. Именно здесь мы и сталкиваемся с конфликтом, и только благодаря обширной системе свободного рыночного товарообмена решение этого конфликта становится очевидным. Вы начинаете рассматривать человеческую расу и все пути взаимодействия в качестве системы совместной погони за счастьем, не зависящей от нашего субъективного восприятия данного понятия. Совершенно неважно, отличаются ли ваши желания от моих до тех пор, пока мы можем взаимодействовать для достижения своих целей.

Как только вы поймете эту простую концепцию, вы увидите, что деньги – это просто средство, при помощи которого люди обмениваются счастьем, и что бизнес предоставляет людям возможность делать это упорядоченно и систематически.

Акцент этой книги

Если главная роль бизнеса заключается в обмене одной формы ценности на другую, еще более ценную, какие предпосылки это создает для современных бизнесменов? Как лучше всего рассказать о предлагаемой ценности и своих возможностях, чтобы помочь своей аудитории достичь большего счастья? Задача предпринимателя – провести анализ ценностей, заложенных в каждом продукте или услуге, которые они предлагают.

Подобным образом владельцы бизнеса должны определить, какой тип покупателя увидит эту конкретную ценность, потому что два человека никогда одинаково не оценят одну и ту же вещь. Как только вы поймете эти принципы, вы должны научиться рассказывать о том, чем вы занимаетесь таким образом, чтобы это привлекло нужных людей и заставило их поверить, что ваша компания осчастливит их так, как любому другому будет не под силу.

Навыки, которые я обрел при обучении и продажах, побудили меня научить предпринимателей тому, что они могут сделать для более эффективного общения со своей аудиторией и со временем полностью изменить образ своего бренда. Именно опыт помощи десяткам компаний с большими культурными различиями и из разных сфер деятельности вдохновил меня поделиться своими знаниями в этой книге.

У меня случались преграды на пути к ее изданию, но каждое такое препятствие дало мне ценный урок о том, как доступно донести свое послание. Я потратил несчетное количество часов за написанием материала в различных кафе, самолетах и на заднем сиденье такси более чем в десятке стран на протяжении последнего года, и все ради того, чтобы сегодня вы могли читать эти слова. В начале работы я даже нанял женщину, которая помогла бы мне сделать рукопись и получить статус бестселлера на Amazon. В результате она потратила впустую 9 месяцев моего времени и $5000 моих денег, не предоставив при этом ни книги, ни информации, которой можно было бы поделиться.

Вместо того чтобы позволить этой неудаче остановить меня на пути к достижению цели, я использовал эти негативные эмоции для усиления амбиций, ведь именно для этого я и создавал эту книгу. Осознание того, что только я могу сделать свою книгу успешной, мысленно вернуло меня обратно на «остров выживания», который я отлично узнал за время моих странствий. Это был момент истины, и книга, которую вы сейчас читаете, – результат моих усилий.

На протяжении всей истории человечества лучшие умы с гениальными изобретениями терпели крах, потому что они не могли убедить других увидеть настоящую ценность их работы. Большая ошибка думать, будто достаточно просто создать продукт. Его продаваемость настолько же важна, но зачастую она игнорируется техническим умом. Принципы, изложенные в этой книге, предназначены для производителей продуктов и услуг, которые имеют истинную ценность для некоторых групп людей. Я никогда не был на стороне тех, кто обманом убеждал других делать что-то, что на самом деле не в их интересах.

Этически корректная продажа заключается в убеждении других сделать более осознанный выбор из наилучших вариантов для достижения собственного счастья.

Неважно, работаете вы самостоятельно, являетесь ли частью небольшой команды или членом чего-то большего, — где-то среди множества интересных фактов, характеристик и людей, которые развивают ваш бизнес, находится многоплановая история, которая навсегда изменит взаимодействие мира с вашим брендом. Вы сможете научиться смотреть на свою компанию как бы извне, глазами человека, не подвергшегося предварительному воздействию.

В этой книге вы не найдете инструкций «для чайников» по достижению мгновенного успеха. Вместо этого вы обнаружите ряд правил, которые влияют на то, как потребители рассматривают продукт и людей, стоящих за ним. Вам будет предоставлен новый каркас, с помощью которого вы сможете изучить свой бизнес и планы по донесению своей идеи миру. Поэтому успокойтесь, пофилософствуйте, загляните внутрь себя и задайте себе сложные вопросы, которые приведут вас к значимым ответам. Вы сможете создать что-то новое из себя и из своего бизнеса.

Теперь вы готовы к величию — и личностному, и деловому.

РАЗДЕЛ I

ПОЧЕМУ ФИРМЕННЫЙ СТИЛЬ ИМЕЕТ ЗНАЧЕНИЕ

Ваш бизнес – это возможность для людей с абсолютно разными субъективными предпочтениями обменять один вид ценностей на другой. Создавая рационально функционирующий бизнес, который будет в состоянии последовательно создавать что-либо полезное, вы оказываетесь в положении, когда люди начинают ценить по достоинству ваше существование и будут готовы платить деньги только за то, чтобы вы оставались на рынке. Осознание этого простого принципа позволяет любому предпринимателю значительно опередить многих конкурентов, которые не в состоянии понять тот факт, что они могут полностью контролировать уровень своего заработка лишь за счет создания более высокой ценности.

Это является основополагающей отправной точкой для любого бизнеса. Сосредоточив все свое внимание в первую очередь на создании ценности, вы переносите себя в абсолютно иное пространство, и в результате все ваши действия будут отличны от общепринятых. Слишком многие бизнесмены обращают внимание в первую очередь на денежное значение товаров или услуг, которые они предлагают, не замечая при этом настоящей ценности, которая стоит за этими значениями. Цифры, отчеты о прибыли и убытках, а также балансовые отчеты занимают все мысли человека и в итоге становятся его навязчивой идеей.

Как только у вас появляется мысль: «Как мне создать ценность сегодня?» – вы уже становитесь победителем важнейшей битвы – битвы за свою собственную внутреннюю мотивацию. Если вам как частному предпринимателю удастся реализовать этот принцип, то стабильный заработок вам обеспечен. Всегда найдутся люди, готовые заплатить за ту ценность, которую вы можете им предоставить.

Осознание факта, что независимо от того, какие испытания вас ждут впереди, вы всегда будете готовы справиться с ними, является мощнейшей формой самообладания. Ежедневная концентрация на рассуждениях о том, какую ценность вы можете создать для своих потребителей, способна обеспечить вас такой уверенностью в своих силах, что вам больше никогда не придется жить в бедности или бороться за выживание. Даже если в одночасье исчезнет все нажитое вами, у вас все равно останутся мировосприятие и знания, которые помогут вернуть все потерянное быстро и эффективно. И в этом знании – ключ к тому, как сделать людей счастливыми за счет предоставления им необходимой ценности.

Для вас как для предпринимателя создание ценности всегда будет первой линией защиты от неудачи в бизнесе.

Неординарные ценности помогут вам выделиться

Цель этой книги – помочь вам научиться видеть свою собственную ценность, ценность своего бизнеса и своих продуктов или услуг с точки зрения ваших клиентов. Только тогда вы сможете начать создавать правильный фирменный стиль. Если вы попытаетесь начать думать как ваши покупатели, то сможете обрести более полное понимание того, на чем лучше концентрироваться при создании своей ценности.

Подумайте о продукте или услуге, с которыми вы чувствуете связь. Важнейшим фактором является качество, иначе вы бы не совершили эту покупку. Но среди множества предложений существуют компании, которые вам более по нраву в сравнении с другими. Мощнейший источник этого особого чувства привязанности заключается в ощущении, что компания сделала все, что в ее силах, чтобы создать особый тип ценности специально для вас.

Представьте себе вашу любимую кофейню, в которой обслуживание, персонал и меню, по вашему мнению, немного лучше, чем в остальных. Хотя она конкурирует с более крупными компаниями, которые тратят большие деньги на рекламу, вы все равно предпочтете эту небольшую кофейню, потому что ее хозяева добавляют особую ценность продукту, который предлагают. Она выделяется среди других кофеен в ваших мыслях, и вы создаете настоящие отношения с этим брендом. Это позволяет им быть на плаву в высококонкурентной среде, и, возможно, неосознанно, они делают жизнь людей, с которыми взаимодействуют, чуточку лучше своим собственным, уникальным способом.

Эта ценность не очередное «дополнение» или «бонус» сверх основной услуги. Это что-то менее осязаемое, охватывающее все, что они делают для своих клиентов.

Многие до сих пор уверены, что суть бизнеса в жадности, в убеждении людей отдать свои с трудом заработанные деньги или принуждении желать вещи, которые им на самом деле не нужны. Или еще хуже: вся суть заключается в возвышении над другими и удерживании окружающих ниже себя, пока ты богатеешь за их счет. Хотя на самом деле суть бизнеса заключается в создании и обмене постоянно увеличивающимся количеством ценностей. Это стимулирует инновации в обществе и улучшает жизнь всех – от самого бедного до самого богатого.

В наши времена развитой цивилизации люди, живущие в наихудших условиях, в общих чертах живут лучше, чем короли в давно ушедшую эпоху, и все это благодаря силе рынка. Какой император, с целым легионом слуг и армией воинов, имел доступ к смартфону или смывающемуся туалету? Кто из них был защищен от невидимых вирусов или с легкостью мог осветить и отопить весь дом? А в современном мире для большей части населения планеты это вещи вполне обыденные. Бизнес улучшает жизнь каждого человека, поднимая общепринятый стандарт жизни благодаря доступу к знаниям и технологиям.

Момент моего озарения в Китае

Мне потребовалось достаточно много личного опыта во время одного из моих путешествий, чтобы начать понимать силу эмоций, когда ты можешь дать человеку именно то, что ему необходимо, совершенно особенным способом. Когда-то я чувствовал себя по-настоящему несчастным, преподавая в Китае. Я решил покинуть эту страну как можно скорее, чтобы оказаться подальше от высочайшего уровня авторитарного контроля и массового формирования поведения детей, свидетелем которых я стал. На тот момент я считал те несколько месяцев, что я провел в Китае, полной тратой своего и чужого времени.

Когда я рассказал маме маленькой девочки, с которой не так давно начал заниматься репетиторством, о своих ближайших планах — сесть на самолет и никогда не оглядываться назад, — то был просто шокирован, когда она начала буквально умолять меня не уезжать и предложила мне пустой чек на предъявителя, чтобы я остался и продолжил заниматься с ее детьми.

Как оказалось, эта семья годами искала учителя — носителя английского языка, который бы действительно смог установить эмоциональный контакт с их дочерью, чтобы она получала удовольствие от процесса обучения и одновременно как можно быстрее улучшила свой английский, письменный и устный. Они тоже стремились как можно скорее покинуть Китай и эмигрировать в США, а это означало, что их дети должны были отлично знать английский язык. Эта женщина призналась мне, что ее дочь проявила больший прогресс за эти несколько недель, чем за последние несколько лет изучения языка с множеством других учителей английского.

Именно в этот момент меня озарила мысль. В мгновение я понял на собственном опыте, насколько важно встретить того, кто может дать тебе именно то, что тебе необходимо, а не то, что будет «достаточно близко». Хотя в Китае и было довольно много преподавателей английского, никто не мог соответствовать высоким запросам этой семьи так, как я. В конце концов я остался в Китае еще на несколько месяцев, работая исключительно с этой семьей, и в итоге это стало для меня очень важным опытом, так как я смог наконец увидеть результаты той ценности, которую создавал. Я понял, что у каждого есть что-то, в чем он отчаянно нуждается, и он будет глубоко благодарен человеку, который сможет ему это предоставить.

Очень легко обвинять в недостатке продаж все и вся, но только не действия предпринимателя. Виновата может быть погода, или можно назвать потребителя слишком ленивым и невежественным просто за то, что он совершил покупку в другом месте. Большинство таких предпринимателей никогда не заглянут внутрь себя и не зададутся вопросом, какие их действия привели к таким последствиям. Чтобы изменить ситуацию, они должны измениться сами.

Обвинение потребителя в отсутствии продаж – это доказательство того, что владелец бизнеса не создал достаточной ценности своего продукта или услуги или не донес эту ценность нужным людям. Помните: все что-то ищут. Единственная причина, почему мы предпринимаем то или иное действие, – это желание получить то, что нам необходимо, или избавиться от того, что нам не нужно. Если бы бизнесмены каждый день просыпались с мыслью «Как мне создать ценность сегодня?», разорение их компаний никогда бы не зависело от внешних обстоятельств.

Из-за того что человеческие ценности постоянно меняются, вы никогда не можете быть полностью уверены в том, что созданная сегодня ценность будет все еще актуальна на следующий день. Стабильный рост – это возможность хорошенько задуматься и добавить новые элементы в образ своего бренда. Что вам нужно сделать для решения самых срочных проблем ваших клиентов? Как дать им то, что им больше всего необходимо, самым уникальным и убедительным способом? Ваш бренд должен представлять человек, который способен моментально улучшить жизнь ваших клиентов определенным образом, как я в свое время изменил жизнь той китайской семьи, когда не было других подходящих вариантов.

Как вы создаете и ежедневно доносите новую ценность до своих покупателей?

Глава 1
Можете ли вы рассказать хорошую историю?

Мне потребовалось много времени, чтобы принять тот факт, что недостаточно просто относительно хорошо делать свою работу, чтобы получить внимание, уважение или деньги других людей. Правда заключается в том, что людей не особо интересуют факты. Их интересуют вещи, которые они смогут понять, а также то, как, по их мнению, эти вещи повлияют на них. Поэтому, несмотря на то что суть бизнеса заключается в создании уникальной ценности, вы никогда не можете рассчитывать на успех только за счет хорошей идеи. Она должна быть представлена так, чтобы ответить на все вопросы потребителя, решить все его проблемы, а еще она должна быть достаточно легкой для восприятия.

Это может прозвучать банально, но вспомните, как часто вы не могли получить желаемое только из-за того, что люди не видели той ценности, которая, как вы знали наверняка, вам присуща!

Когда мне было 20 лет, я тщетно пытался понять, почему многие считали меня человеком, не подходящим для корпоративной работы. Хотя я неплохо справлялся самостоятельно, постоянно находя и совершенствуя различные способы заработка денег — от уроков музыки, помощи пенсионерам в продаже антиквариата на eBay до починки старых скрипок и обмена их на выгодных условиях, — мне никогда не удавалось стать соискателем, которого бы захотели взять в штат большие компании.

Моя логика казалась мне безупречной. Я знал, что при прочих равных условиях я был умнее любого среднестатистического человека. Мне казалось, что если мне дадут задание, я быстро найду наиболее эффективный способ его выполнения, заработав при этом оптимальную сумму для себя и для человека, которому посчастливилось взять меня в свою компанию. Так почему же работа доставалась другим людям, хотя я был уверен в том, что я намного лучше их?

Я нашел ответ на этот вопрос только после того, как случайно получил свою первую корпоративную должность копирайтера. Лишь тогда я смог собрать воедино все фрагменты пазла и начал понимать принцип найма сотрудников. Моя ученица, которую я обучал музыке, была очень впечатлена моими навыками преподавателя и коммуникативными способностями и невзначай упомянула, что компания, в которой она работает, ищет человека для временной работы контент-редактором своего сайта. Благодаря нашему личному знакомству она смогла замолвить за меня словечко перед начальством, и, успешно пройдя собеседование и стандартный процесс оценки навыков, я получил работу.

Что я приобрел за два месяца, проведенных за столом в небольшой кабинке, окруженной другими столами в других кабинках, так это новый взгляд на культуру бизнеса в Америке. Причина, почему я не мог привлечь внимания «настоящих» работодателей, заключалась в том, что я не научился демонстрировать свою ценность таким образом, чтобы она соответствовала требованиям нанимателей. Их описание вакансии не было таким: «Ищем умного молодого человека, умеющего решать проблемы и хорошо обращаться со словами». Им нужен был набор качеств в комплексе с опытом работы, которые бы подходили их рабочему процессу.

Ирония в том, что как только я понял принцип работы корпоративного мира, я потерял всякое желание присоединиться к нему. В настоящее время я помогаю заинтересованным людям составить резюме и сопроводительные письма, описания в которых лучше всего подходили бы для должности, которую они хотят получить. Я могу им помочь, потому что наконец нашел правильный способ говорить о концепции ценности так, чтобы это соответствовало запросам другого человека. Я наконец-то научился давать ответы, которые люди хотят услышать.

Важность описания

Описания – это ментальные структуры, используемые для систематизации информации об окружающем мире. Если вы вспомните свои школьные годы, то наименее любимыми моментами, скорее всего, окажутся времена, когда вам приходилось сидеть на одном месте и прорабатывать огромное количество информации, готовясь к контрольной или проекту. Причина, почему эти воспоминания невыносимы как для детей, так и для взрослых, заключается в том, что мы не должны получать информацию таким способом. На самом деле наш мозг легко усваивает только те события, где информация имеет эмоциональную составляющую, а не является просто потоком сухих фактов.

Именно по этой причине мнемонические приемы и дворцы памяти являются неплохими методами запоминания большого количества информации, а некоторые люди помнят имена даже самых второстепенных персонажей серии книг про Гарри Поттера, но с трудом сдают экзамены в университете.

Мне всегда нравилось смотреть фильмы, даже самые ужасные, потому что меня очень увлекали попытки проанализировать мыслительный процесс человека, который решил рассказать историю определенным способом. Фильм предлагает зрителю законченную историю, от начала до конца, и проводит его через все эмоциональные потрясения за два часа или меньше. За очень короткое время можно с легкостью определить важнейшие этапы развития персонажа, о которых хотели рассказать зрителю режиссер, сценарист и другие люди, задействованные в создании фильма.

Хотя все мы понимаем, почему именно такой формат повествования является определяющим для успеха книги или фильма, мы практически никогда не используем его для составления истории нашей собственной жизни. Когда большинство людей говорят о своем бизнесе или профессии, они перечисляют качества и факты, которые, по их мнению, являются важными для описания себя. Именно в эту ловушку я попал в молодости, когда предположил, что достаточно быть просто образованным или талантливым, чтобы привлечь внимание людей, которые могли бы нанять меня на работу.

Вы можете найти подобные заблуждения в любой сфере деятельности.

> «Я преподаю йогу и пилатес».
>
> «Моя компания производит деревянные барные стулья».
>
> «Наш продукт – это тостер, играющий песни The Beatles, пока готовятся тосты».
>
> «Я помогаю женатым парам средних лет улучшить свои сексуальные отношения».

Такие описания – самый простой способ рассказать, чем вы занимаетесь. Это данные о *вас*, а не преимущества, которые подойдут *мне*. Они могут передать ценность, но найдут отклик только у людей, заинтересованных в данной сфере, то есть задающих этот конкретный вопрос, на который вы отвечаете.

Они откликнутся только в том случае, если уже знают, что им нужно то, что вы предлагаете. Если вы научитесь рассказывать цепляющую историю о том, что вы делаете, вы привлечете внимание большего количества людей, и тогда они автоматически будут оценивать себя по тому, что вы можете им предложить, так как услышат и запомнят самые важные моменты вашего рассказа.

Чем больше преимуществ предлагает ваш продукт, тем от большего состояния несчастья вы избавляете своих клиентов, когда они озвучивают решение начать работать с вашим брендом. Используйте эти эмоции с выгодой для себя. Расскажите об испытаниях и преградах, которые ваша компания помогает людям преодолевать, но прежде научитесь преподносить это таким образом, чтобы ваша целевая аудитория обязательно увидела ту положительную трансформацию, которую вы предлагаете.

Люди, посещающие ваши уроки йоги, могут искать большей свободы движений и освобождения от скованности в жизни, и это побуждает их с удовольствием заняться упражнениями, которые они не выполняли уже много лет. Возможно, ваши деревянные барные стулья создают уникальную атмосферу, которая полностью меняет восприятие и внешний вид комнаты. История не может находиться на одном уровне с техническим описанием функций, которые выполняет ваша компания. Никогда не бойтесь копнуть немного глубже.

Хорошее описание должно находить отклик, основанный на естественном любопытстве и эмоциональной вовлеченности любого человека. Точно так же, как по-настоящему увлекательная книга, фильм или даже песня могут перенести нас из состояния полного безразличия к глубокой заинтересованности в происходящем. Персонажи в нашей голове становятся настолько же реальными, как и знакомые нам люди, несмотря на то что они лишь часть информации. Это очень характерно для всех нас — желание подкинуть своим мыслям новые интересные идеи, с которыми можно «поиграть» и привлечь к этому эмоции и чувства.

Описание вашего бизнеса — это история, которую вы должны рассказывать всему миру, о том, с какой целью существует ваш бизнес и как он может менять жизнь людей. Одна из целей данной книги — помочь вам постепенно отойти от разговоров «чем я занимаюсь» и начать рассказывать воодушевляющую историю о мотивации, цели, личности, методологии и результатах, которые вы предлагаете. Чем сложнее ценность вашего бизнеса, тем больший уровень образованности понадобится потенциальному покупателю, чтобы принять решение о покупке. Именно здесь хорошее описание станет ключом к вашему успеху.

Высококачественный продукт или услуга все равно могут продаваться даже с очень общей информацией и отсутствием какого-либо реального описания, но каждый этап продвижения будет даваться намного сложнее. Истории облегчают процесс привлечения новых покупателей или убеждения существующих клиентов потратить больше денег, чем они первоначально планировали. Истории переносят людей из их привычного практичного образа мышления к более широкому спектру воображения, что позволяет им открыться для покупок или решений, которые при других условиях они бы даже не рассматривали.

Без сильного описания компании вы получите:

- Связь только с людьми, отвечающими на очень общее или техническое описание вашей деятельности.

- Чувство меньшей эмоциональной вовлеченности в свой собственный бизнес, что неосознанно ограничит все усилия, которые вы вкладываете, чтобы сделать ваш бизнес максимально успешным.

- Нахождение в тени конкурирующих компаний, рассказывающих лучшие истории об идентичных продуктах.

- Недостаток направлений и долгосрочных целей.

- Упущение ценных сетевых и партнерских возможностей взаимодействия с другими компаниями.

- Слабую внутреннюю корпоративную культуру, которая сказывается на качестве выполняемых обязанностей.

В то время как с помощью сильного описания вы пробудите интерес у незнакомцев, которые иначе не обратили бы никакого внимания на ваш продукт. Вы станете вкладывать больше собственных усилий в деятельность компании, так как будете верить в ее ценность. Ваши действия будут иметь больший потенциал для достижения поставленных целей благодаря непрерывному прогрессу. Другие люди, которые вносят вклад в деятельность вашей организации, поймут всю важность своих усилий, и их удовлетворение работой будет намного выше.

И самое важное: вашим нынешним или будущим конкурентам будет намного сложнее скопировать ваш подход, потому что ваш бизнес будет состоять из тонкостей и комбинаций разных факторов.

Всегда помните о следующих четырех вопросах, так как они помогут вам сконцентрироваться на самых важных аспектах образа вашего бренда.

1. Определите свою идею: «Почему это должно существовать?»

2. Определите свою цель: «Кому именно это необходимо?»

3. Определите потребности других: «Почему им это интересно?»

4. Определите себя: «Почему они должны купить это у *меня?*»

Раздел II этой книги расскажет, как сформировать образ вашего бренда и довести его до совершенства, в то время как раздел III научит технологиям коммуникации, которые помогут наиболее эффективно донести информацию о вашем бренде другим. Не останавливайтесь, и вскоре у вас в руках будут все инструменты, необходимые для того, чтобы рассказать потрясающую историю о том, кем вы являетесь и какова ваша ценность.

Глава 2
Когда хорошие идеи терпят крах

Смысл бизнеса заключается в создании особой ценности и последующем представлении ее таким образом, чтобы люди вынуждены были заметить и оценить эту информацию, хотят они того или нет. Так почему же так много предпринимателей и основателей компаний с отличными идеями и намерениями терпят поражение на рынке?

Как и в повседневной жизни, мы часто стремимся усложнить свое послание вместо того, чтобы следовать простым и проверенным принципам успеха. Основные мысли, изложенные в этой книге, достаточно просты для понимания, а некоторые из них даже могут считаться вполне очевидными. Так почему же многим людям так трудно интегрировать их в свой бизнес? Какие заблуждения заставляют их продолжать совершать одни и те же ошибки? Какие стереотипы мышления необходимо изменить?

Большинство людей стараются следовать по пути наименьшего сопротивления и в бизнесе, и в личной жизни. Они будут выполнять действия, требующие минимальных мыслительных и физических усилий, чтобы просто указать направление, в котором они хотят развиваться. Особенно это относится к очень занятым предпринимателям, жонглирующим множеством различных приоритетных задач в попытке запустить свой бизнес. Из-за большого желания закончить все как можно быстрее они делают поспешные выводы без достаточных размышлений или хотя бы рассмотрения вопроса. В итоге такие выводы в будущем могут дорого им стоить.

Всем бизнесменам, независимо от их происхождения и предшествующего опыта, присущи универсальные модели поведения, говорящие многое о том, почему они не стали настолько успешными, насколько им бы хотелось. Если бы они просто-напросто немного изменили свои ключевые вредные привычки, они бы значительно улучшили свое положение на рынке. Они бы с большей легкостью завоевывали лучшие позиции в умах своих потребителей и наблюдали бы за возросшими до небес продажами, ничего не меняя при этом в самом продукте.

Прежде чем начать свое путешествие к четко сформированному образу бренда, остановитесь на минутку, оглянитесь на свои прошлые действия и проверьте, не совершили ли вы уже каких-либо серьезных ошибок. В конце концов, успех – это совершение как можно большего количества верных шагов и как можно меньшего количества ошибок.

Использование неподходящих каналов коммуникации и рекламных стратегий

Не все формы коммуникации одинаково эффективны. Выбранные вами способы должны соответствовать вашим сильным сторонам, знаниям и сфере деятельности.

Некоторым людям хорошо дается прямое общение, и поэтому их стратегии продаж должны быть основаны на прямом взаимодействии с квалифицированными покупателями. Этот способ также подойдет в случае, если ваш продукт очень индивидуален или сделан на заказ. Очень сложно наполнить рынок специальными товарами или услугами либо продавать их повсеместно, используя единый подход «на все случаи жизни». В некоторых ситуациях потенциальным покупателям просто необходимо увидеть ваше лицо или услышать голос, прежде чем они достигнут нужного уровня эмоционального комфорта для покупки товара, который им необходим.

В других случаях продукт может отлично подходить для маркетинга через социальные сети или другие похожие каналы «массового доступа». Если покупатели этого конкретного продукта активны в соцсетях и принимают решения, основываясь на желании компании общаться с ними на этих платформах, то именно на это и должна делаться ставка. Возможно, вашей аудитории будет более комфортно отдавать вам свои деньги и строить с вами долгосрочные отношения, если она будет видеть ежедневные ненавязчивые напоминания о вашей деятельности. Вполне возможно, что ваша продукция лучше всего подходит для онлайн-шопинга и импульсивных покупок.

В любом случае перед планированием своего путешествия вам необходимо понять, по какой дороге вам предстоит ехать и какой транспорт при этом использовать. Где люди, с которыми вы хотите установить контакт, проводят свое время и на какой тип коммуникации они откликнутся? Как это соотносится с вашими лучшими качествами? Какие навыки или инструменты вам необходимо освоить, чтобы подчеркнуть свои сильные стороны и при этом соответствовать предпочтениям рынка?

Так как вы не можете быть экспертом во всех сферах, лучше всего начать с того, что вы знаете, а также взять на работу или заключить партнерское соглашение с людьми, чьи умения и навыки будут дополнять ваши. Таким образом, все ваши действия будут поддержаны профессионалами, работающими с вами для достижения цели. Мои личные сильные стороны в основном заключаются в прямом общении и целевом формулировании. Но одной только силы моего послания было бы недостаточно для достижения успеха – я бы не справился без помощи людей, которые помогли мне донести это самое послание в правильном контексте и подходящей аудитории.

Желание остаться в безопасной среде универсальных ценностных предложений

Очень часто предприниматели боятся создавать слишком конкретные предложения, так как уверены, что это отпугнет многих потенциальных покупателей, не одобряющих такой способ коммуникации. Это так называемая «ментальность игрока» – убеждение, что успех заключается лишь в том, чтобы обойти как можно большее количество людей и ждать при этом баснословной прибыли.

Но для небольшой компании, работающей в узком направлении, жизненно необходимо строить коммуникацию согласно предпочтениям небольшой группы людей, даже если другие не обратят на вас никакого внимания или будут задеты таким способом общения. Вас должно заботить только мнение вашей целевой аудитории, другими словами, людей, которые действительно могут купить ваш продукт. Даже отрицательные отзывы тех, кто в любом случае никогда не стал бы вашим клиентом, на самом деле могут положительно повлиять на рост популярности вашего бренда, так как они привлекают к вам внимание. Главная цель – привлечь людей, которые заинтересованы в покупке ваших особых товаров или услуг.

Плюсом специфических продуктов является то, что люди готовы платить больше за необычные, редкие и особенные вещи, в отличие от обыденных, выглядящих так, будто они сделаны для всех и каждого. Вы должны понимать, что если бы все люди хотели покупать абсолютно одинаковые вещи, коммерческая деятельность была бы невозможна. У нас не было бы желания менять то, чем мы на данный момент владеем, на то, чего нам хочется больше. Сфокусируйтесь на продаже товаров или услуг, соответствующих очень специфическим или повышенным требованиям, а также на создании послания, напрямую обращенного к людям, которые больше всего хотят купить то, что вы предлагаете.

Помните: неважно, что вы отпугнете 99,9% людей, если при этом привлечете тот необходимый 0,1%. Взгляните на эти общие ценностные фразы, которые нужно убрать из своего профессионального языка немедленно:

«Гарантируем 100% удовольствия!»

«Мы работаем усерднее наших конкурентов».

«Отличное качество по низкой цене».

Всегда помните, что ваши покупатели постоянно оценивают всех, среди кого выбирают. У любой компании есть конкуренты, и ей необходимо понять, как отличаться от них по всем возможным пунктам. Каждый потраченный доллар мог бы быть потрачен и множеством других способов. Ваша задача – выяснить, как донести покупателям, что вы отличаетесь от своих конкурентов.

Идеальной является ситуация, когда клиенты будут рассматривать ваш продукт в качестве абсолютно новой категории, которая предлагает им то, что больше никто не может предложить. Обычно это называется уникальное торговое предложение (УТП) или уникальное предложение ценности (УПЦ) – более подробно я расскажу об этом в **главе 6 «Разработка уникального торгового предложения».**

Произвольно ограниченный успех

В каждой сфере человеческой деятельности ежедневно происходит нарушение границ возможного благодаря новым знаниям и высоким технологиям. Вы должны быть достаточно смелым, чтобы решиться прощупать почву и выяснить, как далеко вы готовы зайти, прежде чем вновь вернуться в привычное русло. Достижения других могут дать вам представление о том, насколько это возможно, но ни в коем случае не воспринимайте их как неопровержимый закон.

Неважно, насколько, по вашему мнению, вы можете вырасти, какого успеха можете добиться. Не думайте о числе людей, которым вы можете продать свой продукт, о его стоимости или даже о количестве услуг, которые вы можете предоставить. Это все формы произвольного ограничения. Все они основаны на личных традициях или «общих знаниях», которые вообще не являются знаниями или результатом настоящего изучения рынка.

Нельзя сказать, что не существует никаких ограничений. В реальной жизни границы есть у всего, и именно они определяют реальность вещей. Важно отделять истинные ограничения, основанные на законах физики и рыночных условиях, от искусственных рамок, которые вы создаете у себя в голове или переняли у других.

Цель вашего открытия – отделить реальную линию ограничений от воображаемой. Важно всегда задавать вопросы о себе и о рынке. Почему это предел? Что мешает мне продавать больше? В каких рынках я еще не участвую? Есть ли люди, которые могут извлечь пользу из моей продукции, не знающие о моем существовании или не видящие ценности моего дела? Все, что известно нам на данный момент, – результат точно такого же мыслительного процесса, и мы еще очень далеки от того, чтобы знать все.

Это применимо к бизнесу точно так же, как и к личным целям. Если вы спросите среднестатистического человека, борющегося за выживание в своем деле, или кого-то, кто с трудом сводит концы с концами, как он сможет заработать $1 миллион за следующий календарный год, то он, скорее всего, будет изумлен такой большой цифрой, потому что слишком привык исчислять деньги сотнями, в лучшем случае тысячами. Для таких людей это находится за гранью возможного просто потому, что они не понимают, из чего складывается конечный продукт, который принесет $1 миллион прибыли.

Конечно же, ответ на этот вопрос всегда один, независимо от размера суммы. Чтобы получить $1 миллион прибыли, необходимо продать ценностей на $1 миллион. Этого можно достичь, заработав 1 доллар миллион раз, или 1 миллион долларов один раз, или 1000 долларов 1000 раз и т. д. Это не магия и не ракетостроение. Это чисто логический процесс, который совсем несложно понять. Эта концепция настолько ошеломляющая для многих людей (учитывая их происхождение), что они не могут принять это как что-то реалистичное. Они могут так и не начать составлять план, который на самом деле может помочь им этого достичь.

Также может помочь разделение основной цели на более мелкие шаги. Как вам увеличить свои продажи на $10 000 или $100 000? Как только вы поверите, что прогресс возможен, вам будет намного проще составить план для достижения цели. Многие могут понять, как выглядят $10 000, как сложно их заработать и что можно за них купить, поэтому они начинают объединять свои действия вокруг мысли об этих деньгах.

Подражание без инноваций

Единственный способ узнать предел своих возможностей — подвергнуть себя риску, пробуя что-то новое и наблюдая, что произойдет, если вы отправитесь туда, где еще никого не было. Никогда не думайте, что вы должны твердо придерживаться границ шаблонных мышления или действий. Сама природа предпринимательства заключается в создании вещей, которые пока еще не существуют. Вы уже по определению нешаблонны.

Большинство людей не подвергают себя испытаниям, потому что слишком страшатся неизвестности, рисков, необычности и новизны. В результате они подражают тому, что уже популярно. Они видят, что нечто уже принесло успех другим, и просто копируют это, мотивируя только тем, что это работает. Их ошибка заключается в том, что они не добавляют ничего от себя, не вносят собственных качественных изменений в стиль или функционирование, и в результате они ничем не выделяются среди своих более успешных конкурентов.

Даже при условии, что они преподносят этот же продукт более эффективным способом или создают его с более высоким качеством, они все равно ограничены уже существующим рынком. Они борются за свою долю рынка с теми, кто его создал и удерживает над ним контроль. Все, что им необходимо делать, — это внедрять инновации, пытаться создать что-то новое, что, возможно, и не гарантирует успех, но хотя бы частично основано на проверенных принципах успеха.

Вы увидите подобное в релизах фильмов, модных трендах, а также в некоторых моделях покупательского поведения. Киностудии будут копировать любой жанр или стиль фильма, который не так давно был популярен, и поэтому нам всем придется терпеть череду бесконечных супергеройских «ребутов» из-за огромного успеха «Темного рыцаря» или экранизаций подростковых романов благодаря таким фильмам, как «Сумерки» и «Голодные игры».

Люди, чья работа заключается в принятии решений о том, какие фильмы будут запущены в разработку следующими, считают, что подражание этим хитам является ключом к успеху. В следующем году актуальным будет что-то другое, потому что кто-то совершенно случайно добился успеха с чем-то новым. Можете быть уверены, подражатели не заставят себя ждать.

Это не значит, что вы не можете научиться ничему из того, что хорошо работает, и использовать это с выгодой для себя. То, что вы решаете производить, может и должно быть смесью старых и новых элементов. Если вы сделаете что-то слишком новое, у людей не будет образца, на который можно было бы ориентироваться. Они даже не смогут понять, на что смотрят. Если же вы возьмете что-то уже принятое покупателями и лишь немного измените так, чтобы оно выделялось и было лучше, то вы сразу же раздвинете границы понимания потребителями того, что им необходимо.

Отличный способ определить этот лакомый кусочек новизны – найти популярный продукт или услугу, которые неплохо подходят для *большинства* людей *большую часть* времени, но при этом не в состоянии *идеально* соответствовать особым нуждам покупателей. Люди продолжают выбирать частичное решение своей проблемы только в том случае, если лучшего решения не существует. Когда продукты созданы для большой аудитории, рынок становится фрагментированным и делится на много специфических ниш. Любой может взять общую идею, которая уже доказала свою состоятельность на рынке, и переформулировать ее для достижения своей, более конкретной цели.

Неудачи при воплощении этих принципов в фундаментальные идеи являются причиной того, почему столь многим предпринимателям не удается даже поставить свой новый бизнес на ноги. Возможно, им удается сделать это вместе с группой людей, по-настоящему верящих в свое дело, но впоследствии они никогда не добиваются чего-то большего. Моя цель состоит в том, чтобы настроить предпринимателей на максимальный успех с самого начала их деятельности – чтобы хорошие идеи жили как можно дольше, в соответствии с их ценностью.

Следующий вопрос, который я хочу затронуть в главе ниже, — это то, как ваш взгляд на себя и свои идеи применим к вашему бизнесу. Действительно ли вы смотрите на ценность своей компании теми же глазами, что и ваша целевая аудитория? Почему да или почему нет? Ответ на этот вопрос определит основы нового образа вашего бренда.

Глава 3
Почему вы не видите собственной ценности

Брендинг – это донесение вашего собственного образа или образа вашей компании до коллективного видения общества. Это означает, что для того чтобы брендинг произвел желаемый эффект, вы сами должны понять, какой образ хотите показать миру. Существует несколько причин, почему для большинства людей сделать это представляет большие трудности.

Предприниматели слишком близки к своему бизнесу

Большинство предпринимателей слишком близко воспринимают свой бизнес и не могут четко видеть собственную ценность, и чем дольше они находятся в бизнесе, тем сложнее им становится сохранять объективный взгляд на положение вещей. Когда они совершают какие-либо действия одним способом, приносящим успех, в течение продолжительного времени, они зачастую оказываются заложниками определенной модели мышления. Бывает необходимо преодолеть интеллектуальную и эмоциональную инертность, когда вы добровольно решаете изменить эту модель. По этой же причине люди обычно придерживаются тех основных принципов, что были заложены в них еще в детстве, на протяжении всей своей жизни, если только они не начинают осознанно стремиться к переменам.

Я знал многих предпринимателей, которые абсолютно расходились во мнениях со своими потребителями о том, почему те покупают их продукцию. Сначала у меня состоялся длинный разговор с одним бизнесменом о том, как работает его бизнес, на кого, по его мнению, ориентирован его продукт и почему люди хотят купить его. Затем, после проведения тщательного опроса и индивидуальных консультаций с ключевыми членами целевой аудитории, я услышал абсолютно иное объяснение, почему они решили сотрудничать с этим брендом. Их ответы оказались в широком диапазоне от особых практических свойств продукта до менее осязаемых аспектов доверия и интуиции.

Иногда все сводилось к успеху определенного вида маркетинга, на который конкуренты решили не тратить деньги, например активное ведение блога и написание статей. В других случаях было очевидно, что образ компании наиболее подходил тому типу профессионалов, которые занимали данную нишу. В то время как другие участники рынка твердили о страхе поражения и фокусировались на негативных аспектах бездействия, эта компания неосознанно загнала в угол рынок позитивно настроенных людей своими разговорами о достатке и преимуществах работы с ней.

Большинство таких компаний просто делали то, что казалось им естественным, а делая это, они добивались лишь умеренного уровня успеха. И когда они пытались систематизировать и увеличить свой успех, то не имели ни малейшего понятия, почему их подход работал. По этой причине они не могли оптимизировать свои процессы и построить на этом свой настоящий образ.

Именно в этот момент становится необходимым проанализировать весь свой опыт и понять, что оказалось по-настоящему ценным для покупателя, чтобы попытаться превратить счастливое стечение обстоятельств в контролируемый рост.

Предприниматели не знают, как говорить о себе

Даже если вы научились видеть причины, заставляющие людей покупать именно у вас, все равно существует вероятность, что вам недостает речевого мастерства, необходимого для передачи нужной информации в сжатом, но емком послании.

Неважно, как сильно вы увлечены своим делом или насколько хорош ваш продукт, знаете ли вы, какие слова мне необходимо услышать, чтобы в одночасье увидеть особую ценность, которая подвигнет меня принять решение о покупке? Умеете ли вы составлять предложения таким образом, чтобы они были и привлекательными, и соответствующими основной идее? Возможно, вы предпочитаете ходить вокруг да около или, наоборот, намного опережать события и сразу же просить о заказе. Если вы не понимаете, какой точки хотите достичь и как использовать слова, чтобы построить мост, который доставит вас туда, то ваше послание будет просмотрено и забыто.

Чтобы увидеть наглядные тому примеры, посмотрите шоу для предпринимателей Shark Tank. Большинство предпринимателей, представляющих свои стартапы инвесторам, просто-напросто даже не знают, как объяснить, что их проект – это выгодная инвестиция. Многие из этих людей очень умны, и они усиленно трудились над продуктами, имеющими огромный потенциал на рынке. За эти несколько ценных минут, когда все внимание сосредоточено только на них и они должны убедить венчурных капиталистов в том, что их бизнес стоит того, чтобы рискнуть и вложить в него десятки или сотни тысяч долларов, они демонстрируют полное отсутствие умения правильно говорить.

Однажды у меня состоялся разговор с женщиной, участвовавшей в одном из первых сезонов этого телешоу. И ей не удалось заинтересовать ни одного инвестора. Она продвигала малоизвестный косметический продукт, который ранее принес ей небольшой успех на рынке. Несмотря на это, перед «акулами» она выглядела ужасно. И хотя она казалась чрезмерно увлеченной своей продукцией, она была абсолютно не готова к вопросам, которые могли возникнуть у инвесторов.

Хотя эта женщина рассказала достаточно много обо всех аспектах, которые ей нравились в собственном продукте, так же как и некоторым другим людям, попробовавшим его, она не продумала те моменты, которые обычно интересуют инвестора в первую очередь. Она мало знала о количестве продаж, размере рынка или даже об элементарной безопасности своей продукции. Она была настолько увлечена идеей того, как хорош ее продукт, что смело предположила, будто этот энтузиазм окажется заразительным и она наверняка покинет шоу с заключенным договором в руках.

Дело в том, что она совершенно не думала о возможных преградах, которые могут остановить инвестора, готового вложить сотни тысяч долларов в ее компанию. Она не рассматривала свой бизнес с чужой точки зрения. Она видела только свою правду, и в итоге это привело ее к поражению.

Если бы у этой женщины была возможность пройти тренинг перед тем, как участвовать в шоу, ее консультант взял бы на себя роль инвестора и забрасывал бы ее все новыми и новыми вопросами о вероятных проблемах, которые могут быть у ее продукта или его потенциала вернуть инвестиции. Ее могли бы научить, как говорить о своей продукции таким образом, чтобы свести к минимуму или вовсе избежать таких вопросов, а также предвидеть опасения, которые могли возникнуть у инвесторов.

Инвестор – это не потребитель. Он покупает сам бизнес, а не конечный продукт. Эти люди особо не думают о том, как восхитительно пользоваться вашей продукцией. Их больше интересует, купит ли ее кто-то. Их причины разговора с вами не те же, что у потребителя, использующего вашу продукцию.

Эта неудачливая женщина совершила ошибку, пытаясь сыграть на их эмоциях, которые привели бы к импульсивной покупке только благодаря мгновенному возбуждению интереса, а опытные инвесторы так не работают.

Быть хорошим собеседником – значит говорить не только о том, что сказано, но и о том, что не было сказано. Это предвидение того, что вам могут сказать, и упоминание опасений прежде, чем они будут озвучены, в тот момент, когда потенциальный инвестор, возможно, только размышляет о них. Это правильные вопросы, позволяющие получить необходимую информацию, чтобы способ, каким вы представляете себя, привел к осознанной покупке, о которой он не будет жалеть. Если вы хотите научиться эффективнее продавать себя, уделите особое внимание **главе 9 «Как продать себя».**

Предприниматели не хотят приспосабливаться

Рынок не бывает статичным. Это живая, постоянно меняющаяся экосистема. Когда Дарвин говорил о выживании наиболее приспособленных видов, он не имел в виду ни самых сильных, ни самых быстрых, ни лучших пловцов, ни лучших по любому другому аналогичному признаку. Он имел в виду тех, кто лучше всех приспосабливается к быстрым изменениям окружающей среды. Рыночные условия никогда не остаются одинаковыми на протяжении длительного времени, как и потребности покупателей.

Ценности людей меняются благодаря ежедневным эмоциям, влиянию воспитания, социальным тенденциям, технологическим стандартам и многому другому. Так как условия постоянно изменяются, вам также необходимо меняться вместе с ними, чтобы быть уверенным, что вы всегда соответствуете требованиям рынка. Успешный бизнес – это бизнес, который подстраивается под изменчивую концепцию счастья своей целевой аудитории.

До определенной степени можно влиять на желания людей, но вы никогда не станете определяющим фактором в их жизни. Ситуация будет меняться, и вы никак не сможете повлиять на это. Даже самые крупные мировые компании, такие как Coca-Cola, McDonald's или Microsoft, являются объектами прихотей самых капризных покупателей. Большинство людей, которые с самого начала были их основными потребителями, со временем поменяли свое покупательское поведение. Вы не можете заставить людей покупать то, что вы продаете, только потому, что вам кажется это сногсшибательным. Успех к вашему бренду приходит благодаря участию в непрекращающемся диалоге, а не из-за одностороннего указа.

Единственной константой в человеческом поведении является принцип поиска счастья, но субъективные определения счастья всегда будут меняться. Возникает «соответствие продукта рынку», когда то, что вы продаете, полностью совпадает с тем, что люди хотят купить. Вы не можете позволить своим гордости и упрямству запереть вас в устаревшей идее или методе создания ценности в мире. Но не стоит и полностью отказываться от своих личных желаний как предпринимателя. Всегда есть способ объединить ваши увлечения и таланты с желаниями других.

В **главе 5 «Определение своих главных ценностей»** вы научитесь находить источник своих предпринимательских стремлений, чтобы начать формировать из них то, что будет так же привлекательно для рынка, как и для вас. Существует очень много историй о якобы успешных бизнесменах, чувствующих себя в ловушке, управляя компаниями, которые служат только для зарабатывания капитала. У них нет внутреннего интереса к тому, что они производят. Нет ни личного, ни духовного удовлетворения своими действиями или влиянием, которое они оказывают на мир. Вполне возможно зарабатывать деньги, делая при этом то, что приносит вам наибольшее удовлетворение, но только если вы научитесь видеть свою ценность для рынка.

Отталкивайтесь от того, что уже сделало вашу компанию успешной. Если вы начинающий предприниматель, можете ли вы точно предсказать реакцию других людей на вашу идею? Можете ли вы точно сказать, что им понравится и почему они захотят сделать выбор в вашу пользу среди других имеющихся вариантов на рынке? Решает ли это проблему, достаточно большую, чтоб ее стоило решать? Вы будете удивлены, когда узнаете, что с помощью лишь нескольких поправок в вашей прежней идее совершенно несложно создать то, что будет чрезвычайно соблазнительным для определенной группы людей.

В следующей главе мы перенесем акцент на вашу аудиторию, чтобы попытаться определить причины, которые могут помешать людям заметить по-настоящему уникальные и ценные аспекты вашего бизнеса. Вы поймете, что недостаточно просто быть великолепным. Остальная часть мира должна видеть, насколько вы великолепны, а это значит, что только вы ответственны за донесение этого послания. Настало время поделиться своей ценностью с остальным миром.

Глава 4
Почему другие не видят вашей ценности

Как только вы начнете процесс создания нового образа вашего бренда, будет очень легко наткнуться на подводные камни или попасть в ловушки, подстерегающие вас на пути, которые могут остановить вас или увести в неверном направлении. Научитесь распознавать их в самом начале, чтобы иметь возможность преодолеть их или вовсе избежать. Вы увидите примеры появления этих препятствий в практических примерах, перечисленных в разделе IV, но по мере прочтения книги старайтесь переносить все на свою ситуацию, чтобы понять, где эти ловушки уже подстерегли вас.

Даже если вы преодолели преграды, которые не дают многим предпринимателям понять свою собственную ценность, впереди вас ждет новая битва, цель которой – заставить других увидеть в вас то, что вы уже видите. Мы уделяем себе особое внимание, какое уделит нам далеко не каждый. Это частично вызвано тем фактом, что мы проводим больше времени в своей собственной компании, чем в какой-либо другой, и, следовательно, обладаем инсайдерскими знаниями. Причина также заключается в свойстве человеческого эго выделять как особенно важное наше собственное чувство индивидуальности, что является ценным механизмом выживания, созданным, чтобы помогать нам.

Эта глава поможет вам взглянуть на себя глазами остальной части мира или, если быть более точным, глазами людей, которые соответствуют критериям вашей целевой аудитории. Если вам когда-либо было интересно, почему так сложно «достучаться» до других людей, в то время как вы уже предприняли бесчисленное множество попыток представить им свои новейшие продукты, эта глава поможет понять, чего вам не хватает.

Это не так просто, как запомнить правильный пиар-ход или, в идеале, изучить определенную маркетинговую платформу. Важно отойти от своего пути достаточно далеко, чтобы взглянуть на вещи чужими глазами и подстроить свои слова и действия под ожидания и методы интерпретации реальности, которые уже заложены внутри всех нас.

Если это звучит устрашающе, не переживайте. Все намного проще, чем кажется, и это не что-то, что вам нужно будет научиться делать для каждого отдельно взятого человека на планете. Но это действительно будет весьма сложным заданием. Вам необходимо лишь научиться определять внутренние системы оценивания людей, с которыми вы будете работать напрямую как с частью вашего процесса продаж. Их поведение впоследствии может быть экстраполировано на других людей, которые будут только косвенно задействованы в вашем далекоидущем маркетинге.

Так что, помня об этом, давайте перейдем к самым распространенным причинам, почему люди, к которым вы обращаетесь, зачастую не могут увидеть ценности, предназначенной для них. Эти новые знания сформируют фундамент для необходимых шагов к эффективному общению со своей аудиторией. Они защитят вас от неверных шагов, исходящих из ложных убеждений о том, что необходимо вашей аудитории.

Предприниматели дают несбыточные обещания относительно своего продукта

Всем на Земле хотелось бы верить, что они особенные, что довольно досадно, так как никто не посмотрит на вас так, как вы сами смотрите на себя. Все мы склонны поддерживать именно свою точку зрения, и это распространяется и на наши идеи, и на имущество, и на отношения. Каждый человек неосознанно считает, что его ребенок самый милый, его супруг самый привлекательный, а его жизнь самая необыкновенная или наиболее достойная обсуждения.

Когда у вас появляется идея для компании или продукта, вы автоматически даете ей лишний кредит доверия только потому, что именно вы придумали это. Вы будете думать, что ваша идея лучше, чем другие с такими же характеристиками. А другие люди не будут расценивать ее так же, как вы, если вы не приложите для этого значительных маркетинговых усилий. Вы должны следить за тем, чтобы не стать заложником собственных творений. Будьте внимательны к влиянию своего эго на ваши суждения. Всегда старайтесь смотреть на вещи глазами незаинтересованного индивидуума.

Каждый хочет верить, что его продукт – лучший в мире, и эта степень уверенности, конечно же, играет свою роль в вашем успехе в качестве предпринимателя. Впрочем, хотя жизненно необходимо обладать подлинной страстью и энтузиазмом к своему делу, все получается довольно карикатурно, если только вы не обращаетесь к очень специфической аудитории, которая полностью разделяет ваши взгляды. Для большинства же людей ваши громкие заявления и восторг будут попросту непонятны. Вопреки распространенному убеждению, вы моментально отвернете от себя большую категорию привередливых покупателей, если заявите, что ваш продукт – это лучшая вещь в мире.

Это вид несбыточных обещаний, и это полностью противоположно тому, что вам необходимо делать. Существует очень важное различие между убеждением человека достичь решения, что он готов купить ваш продукт согласно своему внутреннему процессу совершения покупки, и созданием эмоционального скачка, который сразу затуманивает все рациональные рассуждения. Эмоциональные всплески очень быстро проходят, в то время как осознанные решения остаются с человеком надолго.

Даже если вам удастся убедить кого-либо достать свою кредитную карту или передать вам наличные деньги, вскоре этот покупатель может понять, что ему не нужно то, что вы ему продали. Это на самом деле не решает его проблему. Он просто был очень сильно увлечен моментом благодаря вашим грандиозным обещаниям того, на что способен ваш продукт. Вы фактически эмоционально его запугали и заставили принять решение, которое было не в его интересах, а вы потерпели крах как поставщик ценности.

Предприниматели дают несбыточные обещания, потому что не осознают своей собственной ценности или не доносят ее нужным людям. Ирония заключается в том, что если бы ваш продукт на самом деле являлся тем, что вы о нем думаете, вам бы не пришлось прибегать к преувеличению. Возможно, вы просто ориентируетесь на устаревшую парадигму питчинга, который заставляет из кожи вон лезть в попытке совершить продажу. Либо вы копируете тактику других людей, наблюдая за их действиями в определенных сферах, где успех действительно возможен, таких как информационная реклама. Или, что еще хуже, вы идете по следам неудачников и откровенных мошенников.

Избегание подобных запугивающих тактик продаж, которые, по сути, принуждают людей покупать вещи, которые им не нужны, может стать основной частью образа вашей компании. В мире, где всем надоело, что их попросту используют те, к кому они обращаются за помощью, у вас есть возможность выделиться как одному из немногих, кто стремится на самом деле помочь. Представив свой бренд таким образом, вы почувствуете себя гораздо более уверенным в том, что вы продвигаете, а также упрочите свое положение в мыслях ваших клиентов, которые будут возвращаться к вам снова и снова и станут рассказывать о вас другим.

Не поймите меня неправильно и не думайте, что вы не должны быть полны энтузиазма и активности по отношению к своему бизнесу, особенно если это часть вашего характера. Если это так, вам необходимо перенести эту черту и на образ своего бренда. Если это находит отклик у вашей аудитории, то вы просто обязаны составить послание, которое поможет им понять, как именно они смогут улучшить свою жизнь с вашей помощью. Существует большая разница между естественным образом бренда и тем, кто пытается убедить самого себя, что его идея более ценная, чем есть на самом деле. Его напускная уверенность и необузданный оптимизм существуют только для успокоения назойливых сомнений, которые преследуют его.

Предпринимателям не хватает рыночного сопереживания

Чтобы избежать личной предвзятости, убедитесь, что акцент на вашем продукте делаете не только вы. Все должно сводиться к тому, что необходимо вашей аудитории. Так как не существует двух людей с одинаковыми рыночными оценками, ваше идеальное решение никогда не станет чьим-то еще идеальным решением. И это нормально. Придерживаясь рыночного сопереживания, вы обретете умение смотреть на вещи чужими глазами.

Иногда это не сложнее вопроса о том, что нужно другим людям, хотя заявленные желания рынка не всегда совпадают с его реальными действиями. Это лучший подход в случае, если вы более интеллектуальны, чем эмоциональны и вам недостает интуиции, чтобы определить ответную реакцию людей. Поговорите с ними. Мысленно поставьте себя на их место, чтобы реалистично предсказать их действия. Подобные мыслительные эксперименты могут завести вас очень далеко, но они должны быть подкреплены реальными фактами.

Причина, почему мы не можем преуспеть в этом, заключается в том, что мы провели всю свою жизнь, никогда не думая подобным образом. Большинство из нас не привыкли рассматривать свои действия с точки зрения рынка или определенной группы людей. В этом смысле предпринимательство является одним из лучших учителей настоящего сопереживания.

Давайте на секунду вернемся на необитаемый остров, с которого началась эта книга... Хороший охотник должен знать свою добычу. Охотник, приспособившийся к своему окружению, знает, где можно найти диких кабанов, где и когда они спят, едят и т. д. Благодаря этим знаниям он может выработать стратегию выживания. Вам даже не нужно иметь опыт охоты, чтобы достичь этого состояния. Вам просто необходимо быть вдумчивым и наблюдательным человеком с желанием прокормить себя.

Если же вы прожили всю свою жизнь, ожидая, когда вам принесут готовую еду, то вы и не пытались решить эту проблему. Вам никогда не приходилось задумываться о том, откуда вы получите очередную порцию или каким способом ее лучше всего получить. Вы принимаете существование пищи в вашей жизни как должное, и ничего не изменится до тех пор, пока вы не почувствуете достаточный дискомфорт, чтобы изменить ваш текущий образ жизни.

Теперь представьте, к скольким аспектам предпринимательства подходит эта метафора, при условии, что вы всю свою жизнь провели как штатный сотрудник. Вокруг вас построена экосистема, созданная специально для того, чтобы максимально облегчить вам выполнение ваших должностных обязанностей. У вас нет необходимости изучать модели поведения или оптимизировать систему для своего благополучия. Вы всего лишь шестеренка в корпоративной машине, и все задачи, с которыми вы сталкиваетесь на протяжении рабочего дня, были намеренно минимизированы и упрощены. Ваша жизнь проста, потому что кто-то наверху взял на себя ответственность изучить систему вместо вас.

Если вы стремитесь стать более сочувствующим и начать смотреть на вещи с точки зрения других людей, вы должны объединить интеллект с интуицией. Если вы обсуждаете продажи с кем-либо, вы можете открыться достаточно для того, чтобы прочитать их эмоции и дать правильные ответы на их вопросы. Однако невозможно войти в такое открытое эмоциональное состояние с тысячами или миллионами незнакомцев по всему миру и интуитивно ответить на их чувства. Именно здесь в игру вступает критический анализ.

Лично я ничего не знаю о спорте. Я никогда за всю свою жизнь специально не смотрел ни одного спортивного матча. Однако когда я говорю с кем-то, кто сильно увлечен Суперкубком или очередным крупным бейсбольным или футбольным матчем, я все равно могу понять, почему им это интересно и почему им так важно посмотреть этот матч вместе с друзьями. Я могу это сделать, даже если я не разделяю их эмоции. Пока я могу на интеллектуальном уровне понимать, почему они испытывают такие эмоции к какому-либо занятию, я могу продать им что-то как спортивным фанатам, потому что буду говорить с ними на одном языке.

Люди должны понимать, что рыночное сопереживание – это особый навык. Большинству из нас плохо удается смотреть на вещи и чувствовать их с точки зрения другого человека, но этот навык можно развить с помощью практики и настойчивости до той степени, чтобы он всегда помогал вам достичь успеха с вашими покупателями. Это очень динамичный процесс, и именно поэтому адаптируемость настолько важна.

Большинство людей необходимо обучать, как говорить с определенными клиентами, чтобы заключить сделку, решить проблему, поднять им настроение настолько, чтобы избежать возмещения убытков или же негативного отзыва. Это обучение включает в себя эмоциональную навигацию среди потенциально изменчивых ситуаций и считывание эмоций обеих сторон, вовлеченных в конфликт, с целью достижения наибольшего мира. Чтобы увидеть вещи с чужой точки зрения и найти решение, которое позволит всем покинуть поле боя как можно более удовлетворенными, требуется огромное количество сопереживания.

Общество устроено так, что людям нет нужды смотреть на вещи чужими глазами, если только им не приходится регулярно выполнять работу, требующую сочувствия и внимания к другим людям. Данную концепцию понимают хорошие учителя, медсестры и все, чья работа связана с межличностными отношениями. Причина, почему великие актеры зарабатывают так много, заключается в том факте, что им удается добиться от зрителя, абсолютно незнакомого им, моментального сопереживания, передавая свои эмоции тщательно продуманным образом через свою игру. Именно поэтому, если актерская игра хороша, а роль удачно прописана, мы действительно переживаем за судьбу выдуманного персонажа фильма.

Успешный политик или лидер знает, как подчинить себе свою аудиторию и заставить ее беспокоиться о своем будущем – или злиться на настоящее. Эти эмоциональные крайности становятся основой инициирования нового действия, что бы в итоге ни случилось. Когда вы поймете это, вы научитесь принимать ответственность за возможность влиять на мотивацию других людей. Этичный бизнесмен не злоупотребляет своей властью, пытаясь найти способ убедить других людей чувствовать или делать вещи, которых они на самом деле не хотят. Он только помогает им лучше понять свой выбор и предоставляет смелость принять информированное решение.

Предприниматели говорят своей аудитории, вместо того чтобы говорить *с ней*.

Лучшим в мире подходом к продажам является диалог. Если позволить людям говорить достаточно долго, они расскажут вам все, что вам необходимо знать, чтобы предоставить им нужный товар или услугу. Все это потому, что люди любят говорить о двух вещах:

- Что приносит им счастье.

- Что делает их несчастными.

Обычно они не говорят слишком прямо и не признают этого, но если вы хороший слушатель, то сможете понять это с помощью контекстных подсказок. Неважно, рассказывают они об истории своей жизни, о занятиях на выходных или о своих интересах, вы всегда сможете заметить, что вызывает у них наиболее сильные эмоции. Затем вы сможете разговаривать с ними так, чтобы показать, как ваше предложение отдалит их от того, что они не любят, и приблизит к тому, что им нравится. Это и есть основа вашего ценностного предложения.

Большинству людей это не удается только потому, что они начинают прямо с порога, отчаянно пытаясь рассказать своей аудитории о как можно большем количестве обычных ценностных предложений в надежде, что хотя бы один или два человека купят у них что-нибудь. Именно это сделала женщина в телешоу Shark Tank, о которой я рассказывал в предыдущей главе, и она расплатилась за это сполна.

Что ей стоило сделать, так это начать разговор с представления темы, о которой она будет говорить, почему инвесторам может быть интересно ее предложение и (самое важное) что, по ее мнению, им необходимо делать с такой ценной информацией. Если бы она с самого начала оговорила данный контекст, она смогла бы с легкостью перевести свою презентацию в двусторонний диалог с акцентом на своей аудитории.

Простыми словами это может звучать примерно так:

> «Об этом мы и говорим. Я выполняю такую работу. Именно это люди считают ценным для себя, вот почему это важно и я решила рассказать вам об этом. Теперь расскажите мне о себе. Что для вас является ценным? Что вы считаете важным? Какую пользу подобный продукт может принести вам?»

Причина, почему многие не могут сделать что-то настолько простое, заключается в том, что они недостаточно гибкие. Они заучивают модель разговора или поведения и машинально повторяют ее. Они тратят всю свою энергию на погоню за добычей, которой будет достаточно только для одного приема пищи, вместо того, чтобы естественным образом привлечь то, чего они на самом деле желают. Научитесь по-настоящему слушать, что говорят другие люди, даже во время будничной беседы. Ищите подсказки, которые сообщат вам об их желаниях.

Когда придет время предоставлять информацию вместо того, чтобы получать ее, помните, что люди будут вас слушать только до тех пор, пока знают причину, почему они делают это. Ключом к созданию заинтересованности является умение привязать подаваемую информацию к чему-то, что важно для слушателя. Вам необходимо прочитать эту книгу, потому что она поможет вам прояснить главную цель вашего бизнеса и научиться вести намного более продуктивный диалог, чтобы завоевать рынок и получить больше прибыли.

Если я представлю книгу с таким посылом, каждый, кто читает ее, будет готов извлечь больше пользы, так как станет иначе интерпретировать информацию, изложенную в ней. Он будет по-другому определять ее для себя с самой первой главы. Или, возможно, кто-то будет стремиться механически заучить все главы первого раздела книги в попытке непременно найти ключевую информацию и ее отношение к его собственной жизни.

Я расскажу более подробно о том, как продать себя, в разделе III, а пока мы обратимся к процессу самоидентификации.

РАЗДЕЛ II

СОЗДАНИЕ СВОЕГО СОБСТВЕННОГО ФИРМЕННОГО СТИЛЯ

Мы не всегда знаем, что именно делает наши идеи успешными. Предприниматели, потерпевшие поражение, зачастую бывают очень близки к тому, чтобы получить желаемый результат. Они просто не в состоянии увидеть полную картину того, как все элементы образа их бренда соотносятся друг с другом и объединяются в одно целое. Несмотря на это, задавая правильные стратегические вопросы и заставляя давать на них значимые ответы, можно добиться стремительного прогресса.

Профессиональные консультанты часто будут вести себя как члены целевой аудитории клиента, который впервые обращается к ним за помощью со специфической проблемой. Они используют эту установку, чтобы отслеживать, как предприниматель обычно представляет свой бизнес тому, кто уже намеревается совершить покупку. Логика заключается в том, что если он не может правильно донести свое послание в этих строго контролируемых и идеально устроенных условиях, очень мала вероятность того, что ему удастся выйти в большой мир, где существует множество непредвиденных вариантов развития событий.

Чаще всего случается так, что основатели компаний становятся очень скучными, когда говорят о своих творениях. В основном это вызвано причиной, которую мы уже обсудили ранее: слишком близкое восприятие своего бизнеса. Когда вы так относитесь к своей компании, вы забываете, как все выглядит со стороны, и не сможете презентовать свой бизнес таким образом, чтобы он стал привлекательным для любого человека. Также вы не сможете идентифицировать эмоциональные элементы, привлекающие вашу целевую группу покупателей, которые хотят работать с вами.

Процесс аудита образа бренда обычно требует нескольких этапов повторения хоть и конфликтным, но все равно действенным способом. Необходимо найти тонкий баланс между жесткостью и мягкостью. Цель заключается в том, чтобы подтолкнуть бизнесменов выйти достаточно далеко из их зоны комфорта, чтобы им пришлось думать по-новому о своих старых привычках. В то же время, если подтолкнуть их слишком далеко или относиться к ним слишком агрессивно, они будут ошеломлены и не смогут понять смысла данного процесса. Они могут потерять интерес к прогрессу, который был достигнут до момента обновления их взглядов.

Главная цель – отойти от функционального описания деятельности компании и вместо этого сконцентрироваться на значительных переменах, которые она приносит в жизнь своих покупателей. Если на то, как предприниматель описывает свой бизнес, можно ответить такими словами: «И что? Это важно? Почему это имеет значение?» – его работа еще не окончена. Этот процесс может быть завершен только тогда, когда заготовленные стандартные ответы закончились и ему приходится думать критически о следующих произнесенных словах. Только тогда появляются настоящие, значимые ответы из глубин разума.

В течение этого процесса владельцы бизнеса вынуждены убрать все, что мешает моментальному восприятию ценности, которую они предлагают. Они занимаются упрощением и обновлением, чтобы сделать уникальность своей значимости более очевидной, чтобы впоследствии презентация их услуг успешно направила эмоции клиентов в нужное русло и они захотели купить данный продукт. Именно в этот момент понимания образа собственного бренда их замешательство сменяется восторгом.

Как только предприниматели освоят эти ключевые элементы, заставляющие их бизнес функционировать, все дело будет заключаться в перефразировании и переписывании всего, что было сказано до этого. Главная цель состоит в избавлении от всей ненужной отвлекающей информации и переходе к моментам, которые на самом деле доносят ценность и раскрывают эмоциональные характеристики вашего продукта.

Будьте в курсе потенциальных возможностей на рынке

Женщина с лишним весом из Атланты, штат Джорджия, смогла неосознанно превратить то, что другие считают недостатком в индустрии массажной терапии, в мощнейшее уникальное торговое предложение, приносящее ей до $1300 в день. Хотя когда-то она стыдилась своего тела, сегодня она является гордой владелицей, возможно, самой большой груди в мире: размера 48NN, с весом больше 7 кг каждая.

По окончании школы массажа она нигде в своем городе не могла найти работу, потому что каждый работодатель считал, что она не сможет предоставить качественные услуги клиентам или даже просто находиться на ногах весь день. Ее внешность и характер не соответствовали общепринятому образу в этой сфере.

Она могла бы на этом остановиться и принять тот факт, что ее услуги массажистки не востребованы на рынке. Вместо этого она начала размещать независимые объявления, в этот раз делая акцент на тех составляющих своих услуг, которые другие считали недостатком. Предлагая особый «массаж грудью», при котором она слегка придавливала пылких мужчин своим удивительно огромным бюстом, она могла устанавливать большую цену, чем обычные массажисты.

Более того, благодаря тому что очень мало женщин обладают таким размером груди и живут по соседству, а еще меньшее количество их работает в индустрии массажа, она практически защищена от подражателей, пытающихся повторить ее предложение. Пока мужчины желают быть «придушенными» большим бюстом, эта женщина может не переживать по поводу своей работы.

Мораль этой истории заключается в том, что вам необходимо думать нешаблонно достаточно долго, чтобы понять, что если что-то не востребовано в стандартных областях рынка, это не значит, что у вас нет потенциала создать новое специализированное предложение и иметь над ним полный монополистический контроль. Если вы будете достаточно внимательны, вы заметите аналогичные возможности для нестандартной специализации в любой современной сфере деятельности. Вам не нужно изобретать велосипед, просто немного измените его и сделайте своим.

Узнайте себя

Мы говорили о том, почему огромное количество отличных идей так и не удается реализовать, в **главе 2 «Когда хорошие идеи терпят крах»**. Ваш бренд должен соответствовать определенному набору критериев, чтобы быть запоминающимся и привлекательным для потребителей. Эти критерии будут варьироваться в зависимости от целевой аудитории и ее предпочтений, но вам, по крайней мере, нужно найти способы заставить людей представить себе, как использование вашей продукции изменит их жизнь, а также ощутить эмоциональную ценность, связанную с ней. Они должны испытывать одни и те же чувства, когда думают о вашем бренде, об использовании вашей продукции или о том, как ваш продукт изменит их жизнь.

Представлять свой бренд необходимо с четко обозначенной целью. Я часто рассказываю своим новым клиентам стратегические подробности о самых интересных случаях из моей жизни, чтобы нам было легче начать строить отношения благодаря общему чувству идентичности. Правильные личные истории могут помочь мне выделиться в их мыслях, а также подтолкнуть их к тому, чтобы они захотели узнать больше обо мне и моих ценностях. Есть причина, почему я не вступаю в скучные дискуссии о подробностях из моего детства, любимом цвете и других ненужных пустяках: это никак не поможет моей аудитории воспринять меня и то, как я могу ей помочь.

В этом разделе книги мы сфокусируемся на шагах, которые нужно сделать, чтобы понять собственный бренд на внутреннем уровне. Это необходимо сделать прежде, чем вы начнете переживать по поводу создания идеальной схемы продаж или выбора наилучшей цветовой гаммы для своего веб-сайта.

Помимо прочего, это означает следующее:

- Особая проблема, ради решения которой существует ваш бизнес.

- Как преподнести предметы и действия, называемые товарами и услугами, в единой оболочке.

- Опыт использования вашей продукции и конечный результат.

- Образ вашей компании и эмоции, которые клиенты должны ассоциировать с ней.

- Как ваше собственное обновленное восприятие компании изменит ваши действия и действия всей вашей команды.

Вместе эти элементы формируют ваше чувство идентичности как одного профессионала или большой компании. Они определяют ваше место в этом мире, и это живые существа, меняющиеся согласно обстоятельствам. Как и ваша индивидуальность, они реагируют на новые впечатления, которые вы испытываете каждый день. Это не истины, высеченные в камне, или несокрушимые факты, а скорее принципы перемен, которые в итоге определяют вашу реакцию на действительность и ваши значимые взаимодействия в мире.

После того как вы потратите немного времени на внутренний поиск и изучение реакции рынка, у вас будет крепкий фундамент, на котором можно строить новый образ своего бренда. Давайте начнем.

Глава 5
Определение своих главных ценностей

Ни одно обсуждение идентичности не будет эффективным без первоначального определения ключевых ценностей и их влияния на ваш жизненный опыт. Именно ваши главные ценности определяют вас на более глубоком уровне, чем остальные вещи, которые вы могли считать частью вас самих. Что это за вещи? Это ваши основные убеждения, влияющие на ваше поведение. Это повторяющиеся модели в вашем разуме, которые возникают снова и снова, чтобы помочь вам интерпретировать ваш опыт и урегулировать эмоциональные реакции.

Не столь важно, откуда они берутся, но лично я верю, что они вложены в нас с рождения так же, как и ДНК, и они активируются различными способами посредством опыта, который мы приобретаем в течение жизни. Чем раньше мы получим тот или иной опыт, тем сильнее он будет влиять на наше восприятие мира.

Нельзя сказать, что главные ценности абсолютно неизменны, но существует очень устойчивый шаблон мышления и действий в определенной ситуации. Чем раньше определенная модель поведения была выработана, тем более закрыт ее обладатель и тем сложнее будет это изменить. Как бы там ни было, все наши жизненные установки происходят из ключевых концепций того, что приносит нам наибольшее счастье или же несчастье. Мы проводим всю свою жизнь в попытках отдалиться от негативной стороны этой субъективной оценки и приблизиться к позитивной.

Так как наш бизнес является значительным продолжением нашей личности, главные ценности здесь также играют свою роль. Ваша компания существует как движущий фактор – инициатор определенных типов изменений. Эти изменения будут зависеть от предпочтений людей, стоящих за ними, или, проще говоря, от того, что они больше хотят создать. Даже в бизнесе, где основной мотивацией было заработать как можно больше денег, возможность сделать это, соблюдая этику, зависит от соответствия действий компании ключевым ценностям (концепциям счастья и несчастья) определенной группы людей – ее клиентов.

Как только вы хорошо изучите главные ценности человека, вы сможете достаточно точно предсказать его или ее действия в определенной ситуации. Это может быть важно при попытке определить, на что ваша аудитория будет готова или не готова потратить свои деньги или как она отреагирует на определенную маркетинговую кампанию. Очень важно осознавать ценности, которые будет представлять ваша компания каждым своим действием и принятым решением в этом мире. Бизнес – это человеческий потенциал, усиленный с помощью технологий и влияния, поэтому важность каждого принятого вами решения возрастает многократно.

Путь к сути ваших ценностей

Есть всего три вопроса, которые мне кажутся очень важными для понимания сути ценностей вашего бизнеса. Существует огромное количество разнообразных ответов на эти простые вопросы, а информация, полученная при изучении этих ответов, является очень ценной для создания образа вашего бренда.

Вот эти три вопроса:

1. Кто вы?

2. Чем вы занимаетесь?

3. Почему мне должно быть это интересно?

То, как человек отвечает на вопрос «Кто вы?», предоставит вам огромное количество информации о нем, причем не той, на которую этот человек рассчитывает. Этот ответ может открыть всю его вселенную, если только знать, как слушать. И дело не столько в том, что он говорит, а в том, как он сам себя определяет.

Кому бы я ни задавал этот вопрос, я обращаю внимание на то, что этот человек считает важным и что выделяет его среди других людей. Я стараюсь обозначить его манеру поведения, которая определяет его индивидуальность в контексте его бизнеса. Все мы состоим из миллионов битов информации в виде воспоминаний, способностей, предпочтений и склонностей, влияющих на наше положение в мире. В тот момент, когда я прошу человека определить себя, он осознанно выбирает только самые важные, по его мнению, элементы.

Ваша индивидуальность – это не что иное, как набор мыслей в вашей голове. Одни из них являются наиболее важными, другие мы все время забываем, новые мысли добавляем, а еще одни постоянно осуществляем. Когда вы спрашиваете у человека, кто он, то он, скорее всего, просто бездумно озвучит мысль, которую считает важной для концепции, определяющей на данный момент его личность. И следующее, что я делаю, когда взаимодействую с ним таким образом, – разделяю на элементы вещи, которые он считает важными составляющими своей индивидуальности.

Среди множества возможных способов ответить на этот вопрос он может рассказать мне о важном периоде своего детства, который до сих пор влияет на его мысли и действия в настоящем. Если кто-то умеет танцевать сальсу, но не упоминает об этом первым делом, то, скорее всего, он не считает это умение важной составляющей, которая выделяет его среди других людей. Если же это первое, что слетает с языка, то данный факт имеет большое значение для понимания этого человека как личности.

Если вы действительно будете слушать, когда люди говорят о себе, вы заметите, что они в большинстве случаев говорят определениями боли и удовольствия, хотя они очень редко будут использовать именно эти понятия. Они станут рассказывать о событиях из своего прошлого, которые как-то повлияли на них, например: «Я вырос в этом городе…» Это история. Затем они расскажут о своих действующих принципах, о моделях перемен, которые актуальны в их нынешнем положении.

Когда человек описывает свою деятельность, он говорит о транспорте, который доставляет его ценность. Как выглядит этот обмен? Как ваше транспортное средство сжигает топливо, чтобы создать импульс для роста? Расскажите об алхимии, которая заключается в вашем умении превращать обычные металлы в золото для людей, нанимающих вас на работу. Следующий шаг – взять эту бесстрастную, основанную на фактах информацию и превратить ее в убедительную и увлекательную историю, которую люди действительно захотят слушать.

Собственно, эта история и является ответом на извечный вопрос «Почему мне должно быть это интересно?». Большинству людей никогда не приходилось всерьез отвечать на него. Считается очень грубым спрашивать, почему кого-то должно заботить то, чем решил поделиться кто-то другой. Нас учили автоматически уважать и уделять внимание другим людям, когда они говорят. В мире продаж такой подход является роковым.

Никто и никогда не обязан вам ни грамма своего внимания, а особенно незнакомцы, которых вы пытаетесь убедить сделать что-то потенциально опасное для себя, отдавая вам свои время и деньги. Мы должны избавиться от иждивенческой психологии, которую обретаем в юности, если мы успешные зрелые предприниматели, зарабатывающие внимание и уважение других людей благодаря своей личности.

«Почему мне должно быть это интересно?» является таким сильнодействующим вопросом потому, что люди не привыкли слышать его и у них нет заготовленного ответа. Именно в этот момент они начинают на самом деле думать, и они не просто бездумно повторяют старую информацию «на автопилоте». Вопрос немного грубый, и именно это застает людей врасплох. Вы можете несколько раз увидеть выражение лица: «Вы действительно только что спросили меня об этом?», если попробуете задать его.

Вначале большинство предпринимателей будут давать ужасные ответы на этот вопрос, так как они будут теряться и запинаться при поиске правильного ответа, который бы не звучал слишком слабо. Главный инстинкт любого человека – защитить свое эго и свой образ перед миром. Нежелание плохо выглядеть даже на мгновение наносит существенный ущерб дальнейшему развитию. Если бы у них был достойный ответ на этот вопрос, высока вероятность того, что им вовсе не понадобилась бы помощь. Почему потенциальный покупатель должен вообще совершать действие, которое вы от него ждете?

Если вы будете достаточно честны перед собой, чтобы суметь добраться до источника мотивации ваших действий, вы также обнаружите, что вам становится намного легче выбрать бизнес-идеи, которым лучше всего следовать, среди бесконечного множества возможных вариантов. Именно подлинная страсть помогает предпринимателям преодолеть периоды сложностей и неопределенности во время становления своего бизнеса. Та же страсть приносит эмоциональное удовлетворение от достижения успеха, и тогда это уже не просто накопление капитала. Осознание того, что вы имеете какое-то особое значение для мира, является для некоторых людей самым мощным стимулом.

Ответы, к которым вы придете благодаря этой книге, сформируют фундамент образа вашего бренда и стратегию передачи сообщения.

Внутреннее внедрение главных ценностей

Вам может быть интересно, что делать после того, как вы определились, из чего состоят ваши главные ценности. Как только вы на самом деле обнаружили краеугольный камень движения и развития вашей компании, очень важно не позволить своим ключевым ценностям существовать только на бумаге. Ключом к их реализации является активность, а именно – воплощение идеи в жизнь.

Вам как основателю компании очень важно быть примером. Внедряйте эти принципы по нисходящей, воодушевляя каждого своего сотрудника принять и продемонстрировать ценности, определяющие ваш бренд, начиная с человека, подписывающего все чеки, и заканчивая служащим, который выключает свет по ночам. Если ваши главные принципы уникальны и завязаны на страсти, ваши сотрудники будут помнить их. Если они запоминающиеся, им будет легко следовать. И благодаря этому клиенты начнут обращать внимание на преданность компании своим идеалам.

Вы должны рассматривать свои ценности как способ выделить ваш бизнес среди подобных ему. Каждая хорошая компания будет стремиться обещать честность, преданность и качество. Как ваша компания обеспечит положительный результат? Как она собирается затмить конкурентов, предлагающих схожие продукты или услуги? Не секрет, что самые успешные предприятия связаны главными ценностями, представленными исполнительными директорами и полностью внедренными во всей структуре. У двух разных компаний никогда не будет одинаковых ценностей, так как они формируются индивидуумами, создающими компанию.

Если вы управляете командой сотрудников, вы обязаны удостовериться, что все они согласны с ценностями, которые определяют ваш бренд с самого первого дня. Не позволяйте вашим главным ценностям стать простым упоминанием во время процесса первоначального обучения. Вместо этого позвольте им стать частью всего рабочего процесса.

Ваши ценности должны рассматриваться в качестве возможности объединить коллег, сплотив их общей целью. Покажите примеры того, как ваши сотрудники могут придерживаться этих принципов на протяжении рабочего дня. Демонстрируя, что это не просто протокол, а воплощенный стиль жизни, вы создаете более дружественную рабочую обстановку и укрепляете свой бренд.

Если одним из ваших главных принципов является «деятельность на благо общества», вы не сможете просто заявить, что принимаете в этом участие. Будьте активным лидером и привлекайте к этому других. Воплощая в жизнь свой главный принцип, вы также обеспечиваете позитивную рекламу своему предприятию. Вскоре вы станете компанией, которая берет на себя обязательства и выполняет их. Я лично видел преимущества воодушевляющего лидера, остающегося верным основам бизнеса. Что действительно отличает успешную компанию, так это путь развития ее ценностей, начиная с трех вопросов, рассмотренных выше, и заканчивая формированием предприятия.

Не существует более быстрого способа надолго заслужить уважение сотрудников, партнеров и потребителей, кроме как стать воплощением идеала. Вам необходимо определиться, что для вас имеет наибольшее значение и чему вы с легкостью сможете посвятить свою жизнь. Сначала узнайте себя, а остальное придет к вам само.

Существует более развернутый список вопросов, которые я задаю предпринимателям, чтобы помочь им понять суть своих ценностей на более глубоком уровне. Некоторые из них перечислены в **приложении 2** данной книги; больше вопросов вы сможете загрузить на сайте www.brandidentitybreakthrough.com/free.

Глава 6
Разработка уникального торгового предложения

Сегодня уникальность, как никогда ранее, жизненно необходима для образа любой компании. Сейчас рыночная конкуренция и на мировом, и на местных уровнях самая высокая за все время. Из-за того что у людей есть возможность сделать свой выбор из множества вариантов и последних с каждым днем появляется все больше, становится все сложнее выделиться в качестве лучшего предложения практически в любой сфере деятельности.

Единственный случай, когда это не имеет значения, это когда вы являетесь настоящим первооткрывателем в какой-либо сфере и никто больше не предлагает то, что предлагаете вы. У самых первых производителей летающих автомобилей может быть временная монополия на рынке, когда они только оторвутся от земли, но можно смело предположить, что подражатели будут у них на хвосте. Им придется научиться выделяться, или их быстро обойдут.

Следствием такого изменения рыночного разнообразия является увеличение потребительских требований. Когда людям предоставляют роскошь выбора, они становятся слишком требовательными в своих желаниях. Избирательность в жизни является признаком изобилия, и со временем наши эмоциональные реакции настраиваются на более узкий ряд впечатлений. Существует причина, по которой чем богаче люди становятся, тем требовательнее они оказываются по отношению к продуктам, которые они покупают, или к тому, как проводят свободное время. Чем более точны их желания, тем более точное решение они хотят найти.

Проще говоря, это называется снобизмом, и все мы подвержены ему в какой-то степени. Подумайте о чем-то, что вам особенно нравится на вкус. Для многих людей (в том числе и для меня) это кофе или другая определенная еда или напиток. Несмотря на то что на данный момент я, несомненно, зависим от кофеина и мне он необходим для нормальной жизнедеятельности, я отказываюсь пить растворимый кофе, за исключением по-настоящему экстренных ситуаций.

Во время моих путешествий мне довелось попробовать много экзотических сортов кофейных зерен различных процессов выращивания, степени обжарки и помола и способа заваривания. Я заплатил около $20 за одну чашку «Копи Лювак» в Индонезии. Это кофе, который перед завариванием дают съесть животному, похожему на ласку, живущему на деревьях. Я пил судьбоносный кофе, ужасный кофе и просто странные, но интересные варианты этого напитка. По какой-то причине мои рецепторы приспособились замечать малейшие различия между ними, и это позволяет мне совершить осознанный выбор среди тысяч вариантов в кофейной индустрии.

Человеку, которому кофе даже не нравится, может показаться, что весь его вкус лишь незначительно отличается, и он никогда не сможет понять, что оправдывает цену кофе в пределах от 25 центов до 20 долларов. Или же, если вы аудиофил, как и я, то вы наверняка ощутите разочарование из-за того, что ваши наушники за $400 не воспроизводят малейшие звуки движения оркестрантов на сцене настолько же чисто, как наушники за $600.

За исключением нескольких сфер, где я обладаю экспертными знаниями и значительным опытом, существует целый мир продуктов, которые я никогда не смогу оценить в совершенстве. Я рассматриваю машины только как более быстрый способ добраться из точки А в точку Б. Несмотря на то что я пользуюсь компьютером каждый день и мои доход и публичная жизнь зависят от него, я знаю только то, что мне необходимо знать, чтобы купить относительно неплохой компьютер, который будет прост в использовании. На рынке существуют целые миры тех вещей, которые я никогда не смогу полностью понять и оценить, и их количество постоянно увеличивается.

Это повышенное внимание к определенному типу потребности означает, что существует отличная возможность для любого достаточно смелого предпринимателя удовлетворить эту потребность. По мере развития рынка производители становятся известными благодаря своей возможности удовлетворить особые нужды потребителей, которой больше никто в индустрии предложить не может. В этом заключается их уникальное торговое предложение (УТП). Если вы хотите, чтобы мир воспринимал ваш бренд всерьез, вам необходимо понять свое собственное УТП и быть готовыми сделать его центром вашего послания.

Как появляется уникальность

Когда нам нужно решить какую-либо проблему, мы неосознанно оцениваем все доступные нам варианты. Будь то решение, куда пойти на ужин или какую модель автомобиля купить, мы сравниваем и сопоставляем в уме стоимость и преимущества всего, что существует внутри данной ментальной категории. Чтобы выделиться, продукт вашей компании должен решать проблему лучше, чем уже существующие варианты в той же категории, которой пользуется ваша аудитория при выборе.

В прежние времена быть уникальным в своем секторе рынка было настолько же просто, как найти одну или две отличительные черты и на этом построить свою стратегию передачи сообщения. Пиццерия «Пицца от Домино» сделала себе имя, придумав для своего бренда простой, но привлекательный рекламный ход: доставка за 30 минут, или получите свою пиццу бесплатно. На то время это стало их уникальным торговым предложением. Это был лишь один из множества способов, как выделиться на рынке.

Что, если бы вместо скорости доставки они сделали своим УТП ингредиенты высокого качества? Именно таким подходом воспользовались основатели пиццерии «Пицца от папы Джона» с их легендарным слоганом «Чем лучше ингредиенты, тем лучше пицца. Пицца от папы Джона». Автоматически выбор между этими двумя конкурентами становится очевидным для любого покупателя пиццы. Если вы больше цените скорость, чем качество, заказывайте пиццу в «Домино». Если же для вас важнее качество, а не скорость, заказывайте пиццу у «Папы Джона».

Большая категория «пицца» была только что успешно разделена на две подкатегории: «быстрая пицца» и «качественная пицца», — и этот процесс может продолжаться до гораздо более мелких уровней различия, если рынок поддержит это. В то время как для обычного любителя пиццы обе пиццерии более или менее взаимозаменяемы, со временем и у одного, и у другого бренда появилось достаточно поклонников, которые будут выбирать только свою любимую компанию.

Они не хотят просто пиццу. Они желают именно «Пиццу от Домино» или «Пиццу от папы Джона» и ничего другого. В этом и заключается главная цель уникального торгового предложения: самим стать категорией рынка благодаря сильным сторонам своего бренда.

Ваша уникальность не должна быть лишь одной особой характеристикой, которая выделяется в вашем продукте. На самом деле, если вы сделаете вашим УТП такие простые признаки, как быстрее, больше, легче, ярче или дешевле, чем у других, это только упростит вашим конкурентам процесс копирования ваших действий. Если вы пытаетесь завоевать рынок с помощью лишь одного фактора, вы можете столкнуться с тем, что будете бороться с конкурентами, у которых такие же идеи, как и у вас. Более сложная и безопасная форма уникальности создается благодаря комбинации многих явных и неявных факторов, которые объединяют практическую целесообразность с эмоциональными ценностями вашего бренда.

Можно даже поспорить по поводу того, что чем меньше ваш бизнес, тем важнее для вас иметь сложное уникальное торговое предложение. Так как вы не связаны с большой аудиторией, у вас нет необходимости в упрощении вашего сообщения до единственного идеального словосочетания, благодаря которому вы будете известны во всем мире. Поскольку вы более близко взаимодействуете с тщательно выбранной аудиторией, в мыслях ваших потребителей есть место для более детального анализа доступных вариантов. В этом анализе будут задействованы все аспекты, рассмотренные в данном разделе, включая вашу личность (об этом я расскажу в следующей главе).

Очень важно не только начать с сильного УТП, но и оставаться ему верным и сохранять его как можно дольше. Со временем оно станет синонимом названию вашей компании или образу бренда, поэтому вам необходимо оставаться преданным ему. Это долговременные отношения, и чем лучше вы будете это понимать, тем сильнее будет ваше послание. Когда вы видите долгосрочную перспективу, это также дает вам чувство стабильности и безопасности, которые наиболее эффективно отражаются в вашем уникальном торговом предложении тогда, когда это больше всего необходимо.

Ваши отличительные признаки

Если вы не знаете, с чего начать, проведите небольшое исследование других компаний в вашей сфере деятельности и примеры их УТП. Как эти компании извлекают пользу из уникального взгляда на вещи? Можете ли вы хотя бы сказать, в чем заключается их уникальность, когда думаете о них? Если вы возьмете какое-либо успешное предприятие, изучите его продукцию и поймете ее сущность, вы сможете многое узнать о том, как создать свое собственное УТП.

Подумайте о продукте или рекламе, которая вам нравится. Что такого в их послании, что вас привлекает? У некоторых компаний нет необходимости в маркетинге продукта – им нужен маркетинг идеи. Во многих случаях производители автомобилей продадут вам не просто машину. Они также продадут вам идею того, что нового машина принесет в вашу жизнь. Это может быть концепция свободы, благонадежности или роскоши, которые становятся частью их бренда. Существуют физическая сторона продукта и его значение для потребителя. Независимо от того, что поможет вам определиться с транспортным средством, это является частью уникального торгового предложения.

Ваш успех зависит от вашей способности убедить потребителей, что вы выгодно отличаетесь от всех других вариантов. И это касается не только ваших прямых конкурентов. Вы предлагаете средство для достижения цели, и вы должны убедительно донести эту важную информацию. В этом вам точно не помогут стандартные обещания более высокого качества продукта или услуги.

Попробуйте поговорить со своими сотрудниками. Иногда работники отделов продаж и обслуживания могут знать гораздо больше о том, что покупают ваши клиенты и почему они выбрали именно вашу компанию среди всех других доступных вариантов. Или же можно напрямую обратиться к покупателям.

Вы можете сделать это при помощи личной встречи, опросов или фокус-групп.

Консультанты по разработке УТП зачастую работают, сравнивая внутренние отзывы сотрудников компании с отзывами людей, которые охотно тратят деньги на ее продукцию. Если определенная тема постоянно упоминается во время этого процесса, велика вероятность, что именно на этом вам необходимо сконцентрироваться в качестве основы образа вашего бренда.

Начните думать о своем продукте в контексте конечного результата, полученного от его использования, и механизма, создающего этот результат. Эти концепции могут быть вам известны под более распространенными названиями «преимущества» и «особенности». Преимущество – это определенный эффект, который продукт оказывает на потребителя. Особенность – качество продукта, создающее этот эффект.

Если вы изучали любые тренинг-материалы о способах продаж, вам наверняка говорили не обращать внимания на особенности и концентрироваться исключительно на преимуществах вашего продукта. В принципе, это хороший совет. Как говорится, «человек покупает не дрель, а дырку в стене». Однако еще более мощное послание формируется при объединении двух факторов в произвольном порядке. Ваш продукт превосходит конкурентов уникальным способом, так как может «выполнить задачу X способом Y». Огромное доверие получают все ваши рассказы о вашем бизнесе, если вы можете подкрепить их настолько убедительным объяснением, что даже обывателю все будет понятно.

Это начало относительно нового феномена в маркетинге, называемого обучающий (образовательный) маркетинг. Более подробно мы поговорим об этом в **главе 12 «Как обучить**

свою аудиторию». Он формирует совершенно новый подход к тому, как компании представляют свою продукцию миру. Вместо попыток вызвать мгновенные положительные или отрицательные эмоции, которые ведут к импульсивному решению о покупке, производители высококачественной продукции стремятся обучить своих покупателей полезной информации о свойствах, которые выгодно отличают их продукт.

Сделать это очень сложно. Этот процесс требует много времени и большой преданности своему делу. Он также открывает двери в абсолютно новую вселенную потенциальных отличительных признаков. Если одиночные качественные прилагательные типа «быстрее» или «дешевле» являются базовыми цветами уникальности, то научные описания того, каких результатов можно достичь при использовании вашего продукта, представляют собой палитру различных оттенков, используемую опытным художником, который умеет смешивать краски так, чтобы добиться желаемого эффекта.

Способ сбыта

Сильно ли отличается способ доставки вашей продукции потребителям от метода других компаний в вашей индустрии? «Пицца от Домино» утверждала, что их доставка быстрее, чем у остальных, и была готова дать на это гарантию.

Этот урок я усвоил особенно хорошо. Мой отец владел магазинами видеопроката «Блокбастер видео» в Калифорнии большую часть моей жизни. Пока я рос, мы были вполне обеспеченной семьей. У нас был большой дом в престижном районе Северного округа Сан-Диего и достаточно места, чтобы устраивать праздники четверым детям на Рождество и дни рождения. И представьте, как я был удивлен, когда мои родители были вынуждены продать наш дом, а магазины моего отца были впоследствии закрыты!

Это случилось в 2008 году – именно тогда, как вы, возможно, помните, Netflix представил услуги по цифровому потоковому мультимедиа в дополнение к своему прежнему способу доставки DVD по почте. Прошло еще три года до того момента, когда были закрыты все оставшиеся магазины «Блокбастер видео», но именно в 2008 году им был вынесен смертный приговор. Революционный способ доставки быстро стал новым стандартом в индустрии, и с каждым днем у людей оставалось все меньше причин физически совершать прогулку в магазин видеопроката. Нескольких преимуществ, которые остались у «Блокбастер видео», таких как живое общение и бонусы в виде конфет или попкорна, было недостаточно, чтобы поддерживать бизнес.

Подобным образом Amazon быстрыми темпами лишает бизнеса книжные магазины, существующие много лет, благодаря более удобному способу доставки книг и другой продукции потребителям. Исследовав все доступные варианты, рынок продемонстрировал, что люди охотнее будут заказывать эти товары онлайн и ждать их доставки по почте, чем лично пойдут в магазин розничной торговли. Подобно услуге потокового мультимедиа от Netflix, любая электронная книга может быть отправлена прямо на ваш Kindle или любое другое устройство всего через несколько мгновений после покупки. Можно сказать с абсолютной уверенностью, что вскоре многие предприятия из других сфер деятельности последуют данному примеру, за исключением компаний, чье ценностное предложение основывается на физическом присутствии клиента (например элитные рестораны, кинотеатры, стадионы, концертные залы и т. п.).

Кстати говоря, «Блокбастер видео» отказался от предложения купить Netflix в 2000 году, за годы до того, как его владельцу пришлось побеспокоиться о принципиально новом УТП, появившемся на рынке. Помните об этом, продумывая свои собственные отличительные признаки. Превосходит ли ваше предложение уже имеющиеся варианты настолько, что может полностью изменить способ, которым люди совершают покупки в вашей сфере деятельности?

Способ потребления

Способ, посредством которого ваша аудитория использует вашу продукцию, также является важной частью того, как вы можете выделиться среди конкурентов. В примере, приведенном выше, о противостоянии Netflix и «Блокбастер видео» моего отца это было соперничество между двумя самыми популярными способами потребления – телевизором и компьютером. Обе компании продают одинаковую категорию товаров – фильмы. Для наглядного примера попробуйте проигнорировать тот факт, что Netflix сейчас предлагает оригинальные программы, шоу и несчетное количество сериалов и фильмов, которых вы никогда бы не нашли в «Блокбастер видео».

Даже если вы смотрите один и тот же фильм, способ потребления радикально меняет ваше восприятие. Netflix известен (или печально известен) тем, что побуждает своих пользователей «запоем» смотреть любимые передачи и фильмы много часов подряд. Хотя такой способ просмотра был возможен и с видеокассетами и DVD, это было менее удобно. Вам приходилось заранее все планировать или же вставать, чтобы поменять один диск на другой.

Благодаря тому, что огромная цифровая библиотека Netflix доступна всего после нескольких кликов мышкой, зрители очень часто засиживаются перед экраном на весь день, просто меняя одну развлекательную программу на другую. Это стало одной из отличительных черт ключевой аудитории Netflix наряду с некоторыми другими новыми видами активности, такими как недавно появившееся выражение «прийти смотреть Netflix и расслабиться». Насколько мне известно, это означает использование просмотра Netflix в качестве предлога и/или возможности весело провести время с заинтересованным партнером. В каком восхитительном и непредсказуемом мире мы живем!

Как способ использования вашего продукта людьми отличает вас от конкурентов? Может ли ваш электронный девайс работать под водой? Вспомните о многих приложениях, созданных для рынка. Вы обучаете вязанию через веб-камеру или на большом личном групповом занятии? Каковы преимущества и недостатки каждого подхода и как они повлияют на мнение и поведение клиентов? Именно эти различия вы обнаружите, как только начнете рассматривать свой бизнес и свой продукт глубже уровня базовых проблем, которые они решают.

Взаимодействие с вашим брендом

Опыт использования вашего продукта, который получает клиент, является своего рода отношениями. Покупатели взаимодействуют с вами множеством способов: когда читают текст на вашем сайте, когда их приветствует на входе в магазин ваш сотрудник или когда ваш рекламный джингл засел у них в голове. Именно в этот момент индивидуальность бренда становится наиболее важной.

Многие предприятия из сферы обслуживания, такой как ресторанное дело, становятся популярными благодаря качеству не только своей еды, но и обслуживания или необычным «фишкам», внедренным в их атмосферу. Все это оказывает большое влияние на эмоции, испытываемые клиентами во время потребления вашей продукции, и все эти впечатления остаются с ними на протяжении длительного времени. Эти зачастую недооцененные факторы на самом деле составляют значительную часть причины, почему клиенты готовы строить крепкие и преданные отношения с вашим брендом, и дело вовсе не в качестве еды.

Цель вашего УТП заключается в том, чтобы помочь потребителям начать рассматривать ваш продукт или услугу как единственное решение их проблемы. Если вы сможете стратегически построить свое уникальное торговое предложение так, чтобы оно смогло объединить многие потенциально различные элементы в одно связное послание, вы моментально предупредите все возражения, которые могут возникнуть у ваших покупателей. Если вы уделите достаточно времени самоанализу, ваше УТП может стать подробной историей детализированного опыта использования ценности, которую вы предлагаете. Этот уровень уникальности останется с вами на протяжении всей деятельности вашей компании, и он сможет адаптироваться к новым условиям, связанным с рыночными взлетами и падениями.

Как только вы разработаете привлекательное УТП, вашей целью будет начать его интеграцию в ваш бренд. Изнутри это означает адаптировать свой образ мышления к бизнесу и научить своих сотрудников следовать новой корпоративной культуре. Эта культура – живой организм, который отражается в мыслях и действиях ваших сотрудников независимо от размера компании.

Внешне же история вашего УТП станет основой всех ваших маркетинговых кампаний. Ваше общение с потребителями будет вращаться вокруг уникального опыта совершения покупки у вас и того, насколько улучшилась их жизнь благодаря этому. В разделе III мы рассмотрим вопрос о том, как рассказать вашу историю всему миру. Продолжайте читать дальше, если хотите узнать о самом персонифицированном элементе вашего бренда – вашем личностном профиле.

Глава 7
Создание своего личностного профиля

Образ вашего бренда – это больше, чем практическая ценность того, что вы производите. Что бы вы ни решили представить миру, это будет продуктом ваших собственных ключевых ценностей. Он существует для решения конкретной проблемы и вызывает у человека определенные ощущения при взаимодействии с вашим брендом. Эти особые ощущения, которые вы хотите вызвать у людей, и являются вашим личностным профилем, и он содержит в себе гораздо больше возможностей, чем вы могли предположить.

Все мы играем определенные роли в большом мире, окружающем нас. Если вы сами не выберете для себя образ, который должны видеть окружающие, то мир сделает это за вас без вашего согласия. Это же касается и образа вашей компании. Как только она вырастет достаточно, чтобы быть замеченной, люди начнут формировать серьезные предположения о характере вашего бизнеса. Они будут самостоятельно решать, какие люди управляют компанией и что их на самом деле мотивирует. Они начнут подбирать определения для вашего бренда, не важно, нравится вам это или нет. Решением этой проблемы может стать создание сильной индивидуальности бренда прежде, чем кто-либо попытается спроецировать свои взгляды на вас.

Потребители взаимодействуют с любыми компаниями так, как будто это живые люди с реальными характерами, предпочтениями и хобби. Предприниматели с преобладающим техническим складом ума настолько увлекаются материальными составляющими своей продукции, что абсолютно забывают о тех, кто будет ее использовать.

Именно поэтому довольно часто стартапы основывают технический соучредитель, ответственный за разработку продукта, и соучредитель-маркетолог, отвечающий за презентацию бренда миру.

Пренебрегали ли вы личностными атрибутами собственного бренда? Они намного важнее, чем вы думаете, так как успех вашего бизнеса зависит не только от умения хорошо решать проблему. Когда потребители впервые покупают ваш продукт, они должны вступать с вами в долгосрочные отношения, основанные на доверии и воспоминаниях о позитивном опыте. Следовательно, индивидуальность бренда заключается в выстраивании этого опыта таким образом, чтобы он поддерживал ваши бизнес-цели во время предоставления вашей аудитории решения их проблем.

То, что люди чувствуют, когда думают о вашем бренде, составляет один из самых простых способов выделиться среди конкурентов. В предыдущей главе я рассказывал, что создание УТП жизненно необходимо для вашего успеха. Индивидуальность, скорее всего, не потребует обновления дизайна ваших продуктов и изменения производственных параметров. Это не обязательно значит, что вам необходимо нанять новых сотрудников или обучить новым навыкам специалистов в вашей организации. Это просто значит, что вам необходимо начать думать о своей компании в другом ключе, а также убедиться, что эти мысли правильно всем донесены.

Индивидуальность бренда юного уличного музыканта

Свой первый предпринимательский опыт я получил в 16 лет. Совершенно случайно мы вместе с моим другом-музыкантом обнаружили, что мы можем заработать деньги, просто сидя на тротуаре прибрежного шоссе с музыкальными инструментами напротив магазина «7–11» в Северном округе Сан-Диего, играя за чаевые. На двоих у нас были акустическая гитара и скрипка, и мы знали несколько аранжировок известных классических рок-композиций, которые, как оказалось, очень нравились туристам, каждое лето приезжавшим на пляжи Сан-Диего. Насколько я помню, мы заработали $40 на двоих в тот первый раз, когда отправились на проспект в субботний полдень. Именно такое признание было нам необходимо, чтобы возвращаться на это место каждые выходные и играть.

Со временем мы оптимизировали свой подход, внимательно наблюдая, что именно побуждает людей чаще оставлять чаевые и в больших количествах. Мы вкладывали заработанные деньги в наше зарождающееся дело в виде 50-ваттного усилителя, микрофонов и кабелей, чтобы расширить зону нашей деятельности и привлечь более широкую аудиторию. Мы тщательно следили за своей внешностью, чтобы выглядеть как амбициозные трудяги, а не как отчаявшиеся попрошайки. Мы хотели, чтобы люди чувствовали себя хорошо, давая нам 1 или 20 долларов, когда они проходили мимо нас и были впечатлены тем, что слышали.

Спустя короткое время мы заметили повторяющиеся модели в поведении нашей постоянно меняющейся аудитории пешеходов-слушателей. В определенный промежуток времени мы зарабатывали намного больше, чем в любое другое время, то же самое можно было сказать и про дни недели, и про месяцы. Уличные ярмарки и другие городские события всегда приносили нам отличный заработок. Люди, занятые своими ежедневными заботами, очень часто останавливались и собирались перед нами в небольшую толпу, чтобы послушать несколько мелодий, а потом благодарили нас и оставляли чаевые.

Не думаю, что я когда-нибудь забуду первый раз, когда совершенно незнакомый мужчина, проходя мимо, бросил в мой чехол для гитары 100-долларовую купюру. Мы тут же перестали играть, чтобы спросить, понимает ли он, что только что дал нам так много денег. Он с уставшей улыбкой ответил, что сейчас у него очень тяжелые времена, а момент, когда он увидел нас двоих таких молодых, но с большим талантом и отличным музыкальным вкусом, стал для него лучшим событием за всю неделю. В моей голове начали крутиться шестеренки, и они продолжали крутиться десять лет спустя, и все из-за невинных разговоров, подобных этому.

Вначале мы переживали по поводу неудобств из-за шума, которые могли создавать для местного бизнеса, находящегося на людном проспекте, где мы расположились. Однако вскоре владельцы кафе и магазинов начали приглашать нас сыграть прямо перед их заведениями, так как наше выступление помогало привлечь больше людей и развлечь посетителей. Тогда у меня впервые возникла идея о взаимовыгодном сотрудничестве, и впоследствии нас стали приглашать играть на различных вечеринках и даже свадьбах.

Отзывы наших слушателей помогли нам адаптироваться к требованиям рынка. Мы поняли, что им нравится такой молодой дуэт, который явно вложил много усилий в изучение своего дела и придумал современные аранжировки классических песен, вызывающих ностальгию у более взрослых фанатов. Я разложил аккордовую структуру каждой песни, которую мы играли, на подробные голосовые и музыкальные партии, в то время как мой партнер импровизировал с оригинальной мелодией, добавляя своей скрипкой нестандартную роковую аранжировку. У нас было фирменное звучание, не похожее на все то, что наша аудитория слышала ранее, и все благодаря тому, что мы смогли взять что-то старое, проверенное временем, и изменить его в достаточной степени, чтобы создать нечто новое.

Эта уникальная комбинация старых музыкальных вкусов, креативных современных обработок и молодежного задора сделала так, что мы смогли зарабатывать $200–300 в час в загруженный день — неплохо для двоих школьников-фрилансеров, развивающих свое увлечение по выходным. Впрочем, неудивительно, что эта схема начала показывать свою неэффективность, как только мы повзрослели достаточно, чтобы у нас появилась растительность на лице и мы стали походить на настоящих взрослых, просящих деньги.

Единственным, что изменилось, были восприятие нашей индивидуальности и эмоции, сопровождающие наш «бренд». Действительно, мило, когда подростки выпрашивают у вас ваши с трудом заработанные деньги. Когда же это делают взрослые мужчины, вам просто интересно, почему они не пойдут и не найдут себе настоящую работу, как должен сделать любой эффективный член общества. Наш продукт совершенно не изменился. Мы продолжали играть те же песни с тем же уровнем мастерства. Но факторы, находящиеся вне нашего контроля, изменили культурное восприятие нашей деятельности. Наши личностные профили эволюционировали во что-то новое, и в результате нам пришлось полностью поменять модель своего бизнеса.

По сей день, когда бы я ни увидел музыкантов, играющих на улице за деньги, я все еще мысленно оцениваю, основываясь на собственном многолетнем опыте экспериментов в этой сфере, что у них хорошо получается и как они могут изменить свои выступление и образ, чтобы зарабатывать больше денег, прилагая те же усилия.

В каждом из нас живет маленький нарцисс

Люди реагируют на определенные вещи, потому что замечают в них то, с чем идентифицируют или хотели бы идентифицировать себя. Помните: каждый человек в той или иной степени эгоист. Все мы любим себя и по определению считаем важность своего существования первоочередной. Это часть механизма выживания. Главная задача нашего мозга в первую очередь заключается в заботе о себе, иначе все наши действия были бы невозможны. Поскольку все мы так сильно себя любим, мы хотим ассоциироваться с брендами, которые уважаем или которые предоставляют нам возможность заслужить уважение других.

С другой стороны, вещи, которые мы ненавидим, зачастую идут вразрез с нашими ценностями или внутренними концепциями. Среди приверженцев органической пищи существует очень крупное движение против биотехнологической компании «Монсанто». По мнению этих людей, действия и намерения «Монсанто» противоречат их главным принципам, так как они приняли решение ценить производство продуктов без использования синтетических пестицидов и генетически модифицированных организмов. В то же время сторонники подобных видов биотехнологий часто презирают сферу органических продуктов за ее влияние на общественное мнение в противовес их ценностям.

Смысл в том, что люди принимают решение о покупке, основываясь не только на практической пользе продукта. Они делают то, что соотносится с их собственным чувством идентичности, потому что только это приносит им наибольшее ощущение счастья. Все проблемы решаются в мгновение. Ваше чувство идентичности всегда находится с вами, каждую минуту вашей жизни. По этой же причине те, кто разделяет общие интересы, увлечения или принципы, объединяются в церкви, клубы и сообщества. Именно поэтому социальные связи сегодня важнее, чем когда бы то ни было.

Существует причина, по которой мы естественным образом навостряем уши и усиливаем внимание, когда слышим свое имя, упомянутое в разговоре: мы хотим знать больше о том, что каким-то образом нас касается. Образ вашего бренда и стиль общения должны быть построены таким образом, чтобы привлечь внимание вашей аудитории, чтобы они слушали вас так, будто вы только что упомянули их имя. В **главе 9 «Как продать себя»** мы поговорим более подробно о деталях коммуникации, которые заставляют вашу аудиторию чувствовать, будто вы говорите конкретно с ними и апеллируете непосредственно к их интересам.

Опасность концептуального несоответствия

Как только вы определились с индивидуальностью, которую воплощает ваш бренд, вы должны всегда следовать ей. Все – от того, как вы говорите и пишете, и до вещей, которые, согласно вашим утверждениям, вы цените, – призвано сформировать определенное впечатление в умах вашей аудитории. Когда они привыкают думать о вас в заданном ключе, происходит ментальный диссонанс, если ваш бренд начинает вести себя по-другому.

Это и является концептуальным несоответствием. То же самое происходит, когда вы видите, что герой книги, фильма или ТВ-шоу начинает вести себя совершенно «вне образа». Ему не удается следовать правилам, установленным для него в контексте данной вселенной. Это самый быстрый способ разрушить погружение зрителя и обратить тот уровень вовлеченности, который у него был, против вас. В реальной жизни это может превратить даже самых преданных ваших поклонников в ярых ненавистников, чувствующих себя преданными резким изменением вашего образа. Помните: вашими главными приверженцами являются люди, которые больше всего ассоциируют себя с вами. Предательство их ожиданий – это атака на их чувство индивидуальности.

Будьте осторожны с выбором подхода к образу вашего бренда, чтобы не оказалось так, что он создан специально для получения конкретного отзыва от вашей аудитории. Это должно быть что-то совершенно естественное для вас и для людей, стоящих за вашей компанией. Иначе при каждом предпринятом вами действии вы рискуете разрушить иллюзию того, кем вы на самом деле являетесь. Если такое случится, вы потеряете все то расположение, которое успели завоевать у ваших потребителей.

McDonald's, например, усиленно работали над тем, чтобы изменить восприятие людьми своей еды как нездоровой. В попытках соответствовать актуальным тенденциям они представили в своем меню продукты для здорового питания. И хотя стремление к более здоровой пище может вызывать одобрение, оно не обязательно является наилучшим решением для их бренда. Оно не соответствует предыдущим элементам образа компании, которые привели ее к абсолютному лидерству на рынке. Публика может почувствовать диссонанс и несоответствие в их решении предлагать продукты здорового питания в своем меню, и это едва ли произведет положительное впечатление на людей, которые уже позиционируют себя как фанаты McDonald's.

Создайте образ для своего бренда и придерживайтесь его. Применяйте все свои знания о себе, о своем бизнесе и аудитории, чтобы составить описания для своих продуктов. Используйте этот образ для создания настоящих взаимоотношений с вашими потребителями на почве общих ценностей (или хотя бы минимального взаимного уважения).

Эмоциональные составляющие вашего бренда

Почему вы начали заниматься именно этим бизнесом? Надеюсь, причины находятся глубже, чем просто возможность заработать деньги.

На пути своего профессионального развития я очень рано начал обучать других благодаря моим естественным способностям, а также желанию развить свои навыки в реальных условиях. Самым важным было то, что я действительно стремился помочь другим людям увеличить их уровень актуальных знаний. Это и сегодня остается одной из моих ключевых ценностей. Дело в том, что достаточный уровень рыночного спроса на мои услуги преподавателя и ментора был просто удачным стечением обстоятельств, которое позволило мне выживать, пока я следовал своему увлечению.

Чтобы добиться успеха в качестве преподавателя, мне необходимо было стать человеком, которого другие пожелали бы впустить в жизнь своих детей. Это касалось и процесса обучения, и конечного результата – новых знаний. Эмоциональные элементы моей профессии вдохновили меня стать благосклонным, прямолинейным, требовательным и вдохновляющим в глазах моих студентов. Благодаря тому, что обучение – моя истинная страсть, мне не нужно было подделывать ни один из аспектов моей личности, чтобы презентовать себя в качестве подходящего личностного бренда в определенных обстоятельствах.

Моя уникальность как преподавателя изначально появилась из моего способа взаимодействия. Хотя существовало множество способов узнать вещи, которым я обучал, было очень сложно найти человека, который мог бы выстроить такую же динамику отношений, которую выстраивал я со своими клиентами. Уникальная комбинация навыков, опыта и стиля поведения привела к появлению сильной индивидуальности, и это стало возможно благодаря тому, что я очень хорошо знал свои сильные стороны. В равной степени (если не больше) это может быть применимо к большим организациям, которые очень мало лично взаимодействуют со своей аудиторией.

Если вы управляете большой компанией, предоставляющей продукты или услуги для туризма, какие эмоциональные элементы окажутся самыми привлекательными для вашей аудитории? Чтобы ответить на этот вопрос, вам нужно всего лишь понять, зачем люди отправляются в путешествие. Они путешествуют в поисках свободы. Они путешествуют ради самовыражения. Они путешествуют, чтобы узнать мир. Они путешествуют в поисках приключений. У бизнес-путешественников есть свои совершенно отличные причины собрать вещи и сесть в самолет, отправляющийся в новые места, и эти особенности можно делить на подкатегории все дальше и дальше.

Цель вашего личностного брендинга будет заключаться в том, чтобы побудить вашу аудиторию начать испытывать эти чувства прежде, чем совершить у вас покупку. Они должны автоматически ассоциировать свои эмоции с вами при виде вашего логотипа, чтении ваших рекламных текстов или при мыслях о вашей продукции. Вы можете искусственно вселить в них состояние эмоционального подъема, создавая ощущения осведомленности и интуитивной уверенности в том, что предлагаемый вами продукт приблизит покупателя к его цели. Когда вы сможете объединить это с предложением продукта, дающего особый видимый результат, у вас появится фундамент бренда, способного достичь потрясающих результатов.

Если у вас есть бизнес, то можно смело предположить, что вы уже потратили какое-то время на размышления о соответствии всех элементов образа вашего бренда. Возможно, вы даже провели много часов в попытках понять, как найти баланс между вашей личностью, вашим бизнесом, аудиторией и продуктом. Сделать все правильно может быть довольно трудно, но когда вам это удастся, вы поймете, насколько это необходимо для успеха вашего бизнеса.

Вы не должны быть лицом своей компании

Большинство основателей компаний по понятным причинам стыдятся становиться талисманом для своего собственного бизнеса. И это вполне нормально. Просто потому, что бренду необходима индивидуальность, это не значит, что индивидуальность обязательно должна быть ваша или вообще какого-либо конкретного человека. Помните: со временем бренд сам становится образом, состоящим из частиц и кусочков, взятых из различных стратегических источников и представленных миру как одно целое. Бренд не должен включать в себя все особенности личности своего создателя, чтобы быть аутентичным.

Создание образа компании, основанного на вашей собственной индивидуальности, является отличным решением, когда ваше ценностное предложение напрямую связано с опытом работы с вами. Если вы предлагаете тормозные колодки с более длительным сроком эксплуатации, имеет смысл построить образ вашего бренда вокруг таких вещей, как безопасность, защита и доверие. Личность основателя имеет очень слабое влияние на покупательское решение в этой конкретной индустрии, если только он или она уже не известны этими качествами.

Чтобы объять и то и другое, многие компании заручаются поддержкой профессионалов, особенно в тех сферах, которые являются родными для героев и их многочисленных фанатов. Если Майкл Джордан рекламирует товары Nike, то компания сразу выигрывает от того, что ее ассоциируют со спортсменом, посвятившим всю свою спортивную карьеру созданию образа целеустремленного, мотивированного, сфокусированного и дружелюбного человека. Nike не нужно будет создавать все это самостоятельно с нуля, так как Джордан уже обладает нужными качествами, которые он обрел как результат своей славы и спортивной карьеры. Именно эти качества покупатели хотят видеть в себе, и это мотивирует их совершить покупку.

Очень малая часть людей, восхищающихся профессиональными спортсменами и индивидуальностью их образов, когда-нибудь сможет приблизиться к их спортивным достижениям. Но, являясь их фанатами, они имеют возможность испытать малую долю тех же эмоциональных потрясений, даже ни разу не ступая на поле и не посвящая всю свою жизнь оттачиванию определенного приема. Никто из прочитавших комикс про Супермена не сможет когда-либо запрыгнуть на высокое здание одним прыжком, однако индивидуальность бренда под названием «Супермен», несомненно, является одной из самых сильных во всем мире, и он все еще продолжает вдохновлять людей на небольшие подвиги с помощью моральных ценностей, которые нам доносят СМИ.

Если вы достаточно хорошо понимаете свою аудиторию и продукт, попробуйте представить индивидуума, у которого люди больше всего захотят совершить покупку. В этом контексте индивидуальность вашего бренда является мостом между покупателем и продуктом. Чем лучше вы поймете эти две части уравнения, тем легче вам будет увидеть наилучший способ построить этот мост.

Потратив время на то, чтобы тщательно изучить и понять свою аудиторию, вы сможете принимать более информированные бизнес-решения. Благодаря четкому видению того, с кем вы взаимодействуете и что именно им необходимо, вы будете знать, какие продукты стоит предлагать и какое сообщение отправлять.

Создание моста между вашими покупателем и продуктом – это желание исследовать определенные элементы более глубоко.

Очень важно тщательно изучить следующие вопросы и потратить достаточно времени на их обдумывание.

- Какова внутренняя ценность ваших продуктов? Какие практические проблемы они решают?

- Какова эмоциональная ценность ваших продуктов? Какие чувства они вызывают у людей? Какие ценности они представляют?

- Чем уникален или необычен ваш бизнес по сравнению с другими в этой же индустрии?

- Откуда вы берете вдохновение для бизнеса? Как из всех мест на Земле вы оказались именно здесь? Какие преграды вам пришлось преодолеть, чтобы попасть сюда?

- Является ли ваша личность / образ важной частью вашего бренда? Вы хотели бы, чтобы это было так?

- Какую ценную информацию об убеждениях компании помимо описания вашей продукции вы можете предоставить?

Создание четкого, крепкого фундамента для вашего бренда обеспечит поддержку, структуру и руководство, необходимые для принятия правильных внутренних и внешних деловых решений.

Глава 8
Знакомство со своей целевой аудиторией

Популярное в деловом мире высказывание утверждает, что самым важным ингредиентом успеха в бизнесе является голодная аудитория. Ваша целевая аудитория – это группа людей, которым важно, что делает ваш продукт, так как это имеет прямое и благоприятное влияние на их жизнь. Это люди, жизнь которых станет лучше при приобщении к вашей компании, а не те личности, которых вам придется обманывать или принуждать стать вашими клиентами.

Один из первых вопросов, который я задаю человеку, начинающему свое дело, звучит так: «Кто или что является вашим идеальным покупателем или клиентом?» Ни один бизнес не может конкурировать со всеми, поэтому определенность является главным приоритетом. Все, что существует, чтобы подходить всем, на самом деле не подходит никому. Выбор конкретной ниши будет поддерживать вас сфокусированным и конкурентоспособным, позволяя вашему бизнесу занимать в ней высокие позиции.

Если вы понимаете свое уникальное торговое предложение и личностный профиль, вам будет несложно представить образ конкретного человека, который будет заинтересован в работе с вами. Если же, наоборот, вы уже определили свою целевую аудиторию, вам будет намного проще построить дизайн продукта и образ бренда вокруг нее. Знание хоть какого-то из этих конкретных элементов вашего бизнеса заметно упрощает процесс понимания остальных составляющих. Чем больше вы погружаетесь в рынок и изучаете его условия, тем более правильные решения для своего бизнеса вы будете принимать.

Даже самый качественный продукт или самая инновационная маркетинговая тактика не будут иметь никакого значения, если люди, к которым вы обращаетесь, не увидят надобности для себя в вашем предложении. Самая дорогая в мире яхта ничего не будет стоить для человека, ненавидящего воду. Элитный сорт кофе бесполезен для человека, который не пьет его. Рыбе просто-напросто не нужен велосипед. Важнейшей составляющей успеха в маркетинге является точное осознание, для кого вы работаете и с кем будете говорить при продвижении своего бизнеса.

Чтобы понять, кто является вашей голодной аудиторией, необходимо точно знать, что делает ваш продукт уникально привлекательным в глазах постороннего человека и как ваш сектор рынка принимает важные решения о покупке. Именно поэтому, при прочих равных условиях, предпринимателям важно начинать свой бизнес в той сфере, о которой у них есть хоть какое-то представление. Если вы в чем-то сомневаетесь, начинайте с вещей, которые вы знаете.

Компании могут потратить годы на создание и продвижение своего продукта неправильными методами продаж просто потому, что никто не остановился, чтобы спросить у самого рынка, что он больше всего ценит. Как мы уже обсудили ранее, слишком большая привязанность к собственному продукту делает вас предвзятым и мешает замечать скрытые маркетинговые возможности.

Конструирование профиля вашего идеального клиента

Построение профиля идеального клиента включает определение всех разнообразных аспектов вашего бренда, а затем их сравнение с вашими знаниями о людях, которые совершают покупки в вашей индустрии.

До тех пор пока вы не предпримете эти шаги к пониманию того, кто ваш идеальный клиент, вы будете постоянно тратить огромные усилия, не получая ничего взамен. Дизайн вашего продукта и стиль коммуникации будут направлены не в ту сторону. Вы будете безнадежно перебегать от одной позиции к другой, просто ожидая редкой возможности привлечь чей-то подлинный интерес. Нацеленность на неправильного клиента превращает простое задание в настоящий кошмар.

Так как же вам найти вашу специфическую нишу? Начните обращать внимание на существующих или потенциальных клиентов и подумайте обо всех причинах, которые могут у них быть, чтобы совершить покупку именно у вас. Составьте список своих продуктов или услуг и рядом с каждым пунктом напишите все преимущества, которые он предоставляет. Подумайте о людях, которые получат выгоду от каждого элемента вашего бизнеса. Учитывайте такие факторы, как возраст клиентов, пол, место жительства, уровни образования и дохода, род деятельности и другие демографические факторы, которые, по вашему мнению, могут иметь отношение к процессу совершения ими покупки.

Например, компании, достигшие успеха в индустрии фитнеса, обращают особое внимание на возраст, пол и место жительства своих клиентов. Их маркетинг направлен на женщин среднего возраста, борющихся со своим весом, а также с самооценкой по мере старения. К этому они добавляют другие факторы, такие как небольшой семейный доход в пределах от \$75 000 до \$100 000 в год. Кроме того, эти женщины должны жить не более чем в 30 минутах езды от фитнес-центра, чтобы их могли рассматривать в качестве потенциальных клиентов.

Это может значительно сократить список последних, но маркетинг, обращенный к их специфическим потребностям, обеспечит больший процент возврата инвестиций, вложенных в рекламу, так как данное послание будет адресовано исключительно заинтересованным клиентам. Маркетинг, направленный на большую аудиторию, – это ошибка, которую допускают многие маленькие компании в начале своей деятельности. Если у вас нет продукта, который будут потреблять тысячи людей в день, например бутилированная вода, то вам просто необходимо сфокусироваться на одной конкретной группе.

Значимые демографические факторы будут различными для каждой сферы деятельности. В зависимости от того, что вы производите, может быть абсолютно не важно, сколько лет вашим клиентам – 20 или 60. Возможно, не будут иметь значения их пол, рост или любимые телепередачи.

Иногда какой-либо фактор может иметь только косвенное отношение к вашему бизнесу. Например, эта книга предназначена для будущих, начинающих и уже состоявшихся предпринимателей. Так как такой тип людей скорее встречается в категории от 25 до 40 лет, чем, скажем, от 12 до 85, то для меня имеет смысл сфокусироваться именно на этой группе. Однако в данной книге нет ничего, что обязательно исключает кого-то, кто находится вне этой возрастной категории.

Тщательно изучите клиентский опыт

То, какие эмоции испытывают ваши клиенты в процессе покупки и использования вашей продукции, может сильно отличаться от ваших предположений. Пробовали ли вы когда-нибудь посмотреть на свой бизнес с точки зрения абсолютно нового клиента, который ничего не знает о вашей компании?

Если вы управляете бизнесом, требующим физического присутствия, таким как розничный магазин или стоматология, что происходит с вашими клиентами от момента остановки на парковке до того времени, когда им нужно уйти? Облегчает ли обстановка в вашем магазине или офисе процесс принятия решения и покупательский опыт? Если у вас онлайн-бизнес, какие чувства вызывает у клиентов посещение вашего веб-сайта?

Когда дело касается непосредственного использования вашего продукта или услуги, какие элементы его функциональности делают его проще или привлекательнее для определенного типа людей?

Вероятнее всего, продукт или услуга, которые вы предлагаете, созданы для того, чтобы сэкономить вашей аудитории время, усилия или деньги. Если же процесс, через который им необходимо пройти, чтобы купить ваш продукт или получить о нем больше информации, включает в себя трату одного из этих трех факторов, скорее всего, они не будут себя даже утруждать.

Даже если он им необходим настолько, что они готовы преодолеть препятствия, поставленные вами на их пути, их первое впечатление о продукте будет негативным и вы уже окажетесь в невыгодном положении. Велика вероятность, что есть компании, предлагающие аналогичный товар или услугу. Если вашим клиентам будет легче приобрести данный продукт в другом месте, даже если он будет худшего качества, большинство выберет этот вариант.

Никогда прежде люди не были настолько мотивированы временем вообще и идеей экономии времени в частности. Продолжительность концентрации нашего внимания становится все короче. Все, что занимает более пары кликов мыши, требует слишком много усилий. Теперь это ваша задача – пройти необходимый путь, чтобы устранить любые препятствия, мешающие вашим клиентам получить доступ к вашей продукции.

Что делают ваши конкуренты?

Еще один способ определить свою идеальную аудиторию – взглянуть более пристально на своих конкурентов. Понимая своих соперников, вы обретете возможность увидеть их сильные и слабые стороны. Это позволит вам понять суть того, чем они занимаются, чтобы вы смогли помочь своей компании выделиться на их фоне и в то же время определить, что можно предложить для привлечения клиентов к вам.

Вы должны искать способы применить их сильные стороны к своему бизнесу с помощью ваших денежных и временных ресурсов, но, что еще более важно, вам необходимо искать дыры в их маркетинговой стратегии. Получение большей информации о ваших конкурентах поможет вам соответствовать требованиям клиентов, которые не удовлетворяют другие компании, позволит вам четко видеть, с кем вы соперничаете, и быть дальновидным в своем предложении.

Помните: никогда нельзя становиться прямым клоном чужого успеха. У конкурентов перед вами преимущество и доверие определенного сектора рынка. Если вы поймете, что у них хорошо получается, вы можете это изменить настолько, чтобы создать что-то новое, что затрагивает проблему, которую никто полностью не решал, пока вы не появились. Вы можете заметить, что некоторые люди, совершавшие покупки у ваших конкурентов, делали это только потому, что их продукт был оптимальным решением для их потребностей, но затем все равно ушли от них в поисках лучших вариантов.

Отличной иллюстрацией этого принципа является чрезвычайно популярное мобильное приложение для знакомств Tinder. Оно сейчас распространено по всему миру отчасти благодаря своей простоте. Tinder позволяет мужчинам и женщинам загружать ограниченное количество фотографий и очень краткое описание себя. Затем приложение в случайном порядке соединяет пользователя с человеком противоположного пола в выбранной местности. Пользователь может решить, начинать ли общение, проведя пальцем вправо, если ему нравится человек на экране. Если оба пользователя выбрали друг друга, они могут обменяться сообщениями.

Tinder заслужил репутацию приложения, которое в основном используется молодыми людьми в поисках «легких связей» — секса без обязательств. И это неудивительно, учитывая, что единственными значимыми критериями их поиска являются возраст, местоположение и внешность. И хотя мужчины и женщины в поисках мимолетных романов являются основной аудиторией приложения, там также зарегистрировано достаточно много людей, использующих Tinder для поиска обычных свиданий, серьезных отношений и даже платонической дружбы (или так они утверждают, чтобы сохранить лицо). Зачем они используют такой простой интерфейс для вещей, для которых он не был создан?

Несмотря на то что существует множество сервисов, специально созданных для поиска других видов отношений, ни один из них не предлагает той простоты в использовании, которая есть у Tinder. Такие сайты, как OkCupid и Plenty of Fish, часто требуют от пользователей потратить несколько часов, заполняя длинные анкеты, отвечая на личные вопросы и просматривая множество таких же сложных анкет, прежде чем они смогут перейти от обмена сообщениями к телефонным звонкам и, наконец, к личной встрече. Как бы там ни было, Tinder создан для того, чтобы ускорить этот процесс, сократив количество требуемой информации до минимума. Именно поэтому, хотя Tinder и не является идеальным решением для их целей, простота использования мобильного приложения слишком привлекательна, чтобы ее игнорировать.

Что это значит для предпринимателей, которые хотят войти в индустрию сайтов или мобильных приложений для знакомств? Они должны вынести урок из того, что хорошо удается Tinder, и адаптировать это для своих собственных УТП, личностного профиля и целевой аудитории. Если бы кому-нибудь удалось разработать «Tinder для серьезных отношений», который бы воссоздал простоту приложения с его стратегией переписки, но уже для привлечения людей в поисках длительных отношений, то это могло бы стать очень серьезным прорывом.

И хотя специализированный рынок намного меньше, чем может показаться, создатели такого приложения могли бы заполучить на нем полное превосходство. Многие люди, нехотя использующие Tinder из-за отсутствия более подходящей альтернативы для своих потребностей, сразу перешли бы на новую платформу.

Мост между вами и вашей аудиторией

Профиль вашей компании и профиль вашей аудитории – это две стороны одной медали. Создание обоих профилей должно стать одним из ваших главных приоритетов по мере вашего роста. Вы сможете проложить мост сотрудничества между этими двумя концепциями только тогда, когда будете четко понимать их. Мы рассмотрели создание уникального торгового предложения и личностного профиля в главах 6 и 7 соответственно. В разделе III мы особо сконцентрируемся на искусстве и науке делового общения.

Мост сотрудничества позволяет вам привлечь новых клиентов и одновременно продемонстрировать уникальность вашего предложения. Это двусторонний процесс. Только то, что некая компания очень хорошо рекламирует гамбургеры, не запрещает другим делать то же самое. На самом деле успех многих компаний, предлагающих аналогичный продукт, всегда сводится к мосту, который они строят между своим продуктом и четко обозначенной целевой аудиторией.

Это, казалось бы, очевидное заключение является одной из самых больших проблем, с которыми сталкиваются предприниматели, пытаясь решить дилемму, куда же двигаться дальше. Вы не сможете создать эффективную маркетинговую кампанию, не зная в первую очередь, какой человек должен прочитать ваше послание. И все равно большинство рекламы делает акцент на атрибутах продукта, игнорируя ментальность зрителя.

Знать своего потребителя жизненно необходимо, но это еще не все. Как только вы обнаружите свою целевую аудиторию, вам необходимо будет получить всю доступную информацию о ней. Чем меньше и специфичнее группа, тем легче вам это удастся. Это еще одна причина, почему стоит как можно глубже изучить свою сферу при выборе рынка.

Вам необходимо знать очевидные вещи, начиная от того, каким образом клиенты на данный момент получают предлагаемый вами продукт, до более незаметных, но в равной степени важных данных. Как ваша целевая группа предпочитает получать информацию? Разные люди выбирают различные способы изучения новой информации и расширения своих интересов, включая разнообразные сайты, журналы, телевизионную рекламу или просто совет приятелей, которым они доверяют. Каковы их стремления? Что ими движет?

Чем больше вы о них узнаете, тем точнее сможете адресовать свое послание. Заинтересованные люди скорее заметят вашу рекламу и быстрее ответят на нее, если она будет иметь отношение к вещам, которые их сильно беспокоят.

Вы должны также учитывать тот факт, что ваш продукт может соответствовать двум и более рынкам. Это очень хорошо, ведь чем больше ценности вы предлагаете, тем лучше, но вы должны понимать, что это два отдельных рынка, не связанных между собой. Ваш маркетинговый подход может игнорировать одну из этих двух групп, что полностью уничтожит половину вашей потенциальной клиентской базы. Сегментируя вашу аудиторию на соответствующие категории и ниши, вы сможете затем обратиться к каждой из них, учитывая их индивидуальные характеристики.

Инструменты маркетинга со временем меняются. Люди всех сословий и категорий становятся более утонченными в своих покупательских привычках. Еще десять лет назад люди старше 50 редко использовали Интернет для поиска информации о продукте или для шопинга. Сейчас они делают это через свой смартфон практически всегда и везде. Вам необходимо идти в ногу с этими меняющимися тенденциями, иначе ваш продукт будет считаться неактуальным. Это является очень важной частью предпринимательской адаптации и требует от вас знания привычек ваших покупателей.

Регулирование своего подхода к определенной аудитории заключается не только в инструментах, но и в самом содержании сообщения. Выбор слов, тона и способа взаимодействия будет значительно отличаться в зависимости от категории людей, к которым вы обращаетесь. Их возраст, уровень образования и пол будут влиять на ваш выбор, поэтому крайне важно знать как можно больше о людях, которым вы адресуете свое послание.

То же самое можно сказать и о других компаниях. Если вы продаете напрямую организациям, вам необходимо знать людей, работающих там, и уровень технических знаний, с которыми вы столкнетесь. У вас может быть самый убедительный аргумент в мире, но если он сформулирован на неверном уровне, он пройдет мимо человека, принимающего решение о покупке.

Время, усилия и деньги, потраченные на изучение своей целевой аудитории и то, как установить с ней контакт, окупят себя. Без подобной подготовки вы рискуете не только впустую потратить свои ресурсы, но и составить плохое впечатление о людях, от которых напрямую зависит ваш успех.

РАЗДЕЛ III

РАССКАЖИТЕ СВОЮ ИСТОРИЮ МИРУ

Коммуникация происходит в каждый момент нашей жизни, причем иногда не самым очевидным образом. Она подобна тому, как ложатся ваши волосы. Она подобна вашей осанке или тому, как вы входите в комнату. Ваша одежда может рассказать о вас очень многое. Существует так много вещей, которые мы воспринимаем как должное относительно информации, которую предоставляем миру!

Многие люди не хотят тратить свои деньги на продукт или услугу, которые они не могут идентифицировать с собой. Они хотят чувствовать доверительную связь, основанную на плодотворных отношениях. В сегодняшнем быстро меняющемся цифровом климате основной проблемой маркетинга является то, что у вас есть лишь несколько секунд, чтобы установить эту связь.

Продажи заключаются в умении приводить нужную информацию к определенному результату, а именно — побудить других людей думать о вашем продукте так, как бы вам хотелось. Когда они согласны с вами по поводу предлагаемой вами ценности, они будут готовы предпринять те действия, которые вы от них ожидаете. Это может быть сделано неэтично (обманом заставляя что-либо купить, давая ложные обещания и предоставляя неполную информацию) или этично (через обучение и эмоциональную поддержку).

Быть эффективным собеседником – значит абсолютно точно доносить свое послание. Если ваша цель заключается в том, чтобы романтически привлечь людей противоположного пола, существует целый ряд факторов, которые лучше всего помогут вам в этой миссии. Впрочем, эти факторы, включающие такие качества, как показной интеллект, самоуверенность, добродушие, необычность и т. д., могут быть несовместимы с другими вашими целями. Поскольку вы не можете постоянно подстраиваться под всех людей, вам необходимо выбрать, что для вас является приоритетным, и следовать этому выбору.

Для того чтобы образ вашего бренда был эффективным, в первую очередь нужно осознать желаемый результат, который должна принести вся информация, предоставляемая вами миру. В этом разделе книги мы сконцентрируемся на том, как превратить ключевые компоненты образа вашего бренда в презентацию, которая заслуживает внимания вашей целевой аудитории.

Иногда целью вашего контакта будет заключение первой сделки с новым покупателем. В других случаях вам нужно будет убедить клиента совершить более крупную покупку, чем он первоначально планировал. Вам необходимо будет знать, каким образом можно мотивировать человека совершить мгновенное действие при помощи предоставленной вами новой информации.

Возможно, вы находитесь на том этапе развития вашего бизнеса, когда вы не стремитесь к моментальному получению прибыли от продажи, а больше нацелены на долгосрочные задачи по созданию репутации. В этом случае ваша цель будет заключаться в том, чтобы посеять зерна доверия и влиятельности в умы вашей аудитории. Вы станете первой компанией, к которой они обратятся при столкновении с проблемой, которую вы готовы решить. Быстрые продажи и долгосрочный брендинг не всегда совместимы, но искусный собеседник может достичь обеих целей с помощью продуманной коммуникативной стратегии.

Иногда вам вообще не нужно будет думать о том, что необходимо вашим потребителям. Вам будет необходимо просто обратиться к другим профессионалам, у которых нет никакого желания покупать что-либо у вас. Их интерес будет вращаться вокруг вашего коммерческого потенциала, а не потенциала как производителя определенного типа ценности. Они будут видеть в вас или угрозу, или партнера, или возможность для инвестиций.

Если они видят в вас угрозу, ваша задача заключается в том, чтобы запугать их в достаточной степени, чтобы препятствовать в захвате вашей доли рынка. Если они видят в вас партнера, вам необходимо показать, какую выгоду они получат от работы с вами. Если же они рассматривают вас в качестве возможности для инвестиций, вы должны продемонстрировать ваши компетентность и рентабельность на рынке.

Ленивые предприниматели ограничивают свое общение с покупателями до традиционных маркетинговых техник, основанных на первом впечатлении. Они полагаются на рекламные слоганы, запоминающиеся названия и другие поверхностные схемы брендинга, чтобы создать смутные ассоциации со своей компанией. Вместо этого небольшие компании должны рассказывать миру о ранее неизвестных или недоступных возможностях для достижения личного счастья.

Научившись тому, как стать лучшим собеседником, вы получите доступ к целой вселенной новых возможностей, но откроются они вам лишь в том случае, если вы знаете, как необходимо говорить, чтобы окружающие захотели вас слушать. Только знания и умения могут вам в этом помочь. Только наши отношения с другими людьми позволяют нашим собственным действиям иметь большее значение, но лишь при условии, что вы освоите искусство влияния на людей.

Какой бы ни была основная мысль, которую вы хотите донести, ее влияние будет только усиливаться, если вам удастся применить базовые принципы правильного общения.

Понимание своих коммуникативных целей

Пока вы не поймете, чего хотите достичь, вы никак не сможете управлять своим прогрессом. Перед началом создания стратегии коммуникации вам необходимо отточить свою индивидуальность. Как вы узнаете, какая комбинация рекламных слоганов, символов, цветовых схем и персонажей создаст самое благоприятное впечатление в мыслях вашей целевой аудитории, если еще не проанализировали, что им необходимо? Как вы сможете показать себя с наилучшей стороны, если вы практически не знаете себя?

В предыдущем разделе мы рассмотрели варианты вопросов, которые вы должны задать себе, а также то, как должна измениться ваша точка зрения, чтобы ваши ключевые ценности оказались во главе вашего бизнеса. Эти ценности нужны для формирования общего образа бренда и того, как уникально ваша продукция или услуги могут быть преподнесены в определенном секторе рынка. Так как мы уже понимаем, что пытаемся сказать, наше внимание переходит к тому, как это лучше всего сделать. Именно здесь мы и входим в сферу продаж и маркетинга.

Существует причина, почему продажи и маркетинг являются проклятием большинства основателей компаний. Я понимаю это. Вы так много работали над созданием своих продуктов и построением своего бизнеса. А теперь внезапно вам нужно еще и убедить кого-то в том, что ваш бизнес стоит того, чтобы на него обратили внимание?! Вам приходится говорить с абсолютными незнакомцами и убеждать их отдать вам свои деньги просто потому, что вы так сказали? Это отвратительный процесс для людей, которые не являются прирожденными мастерами общения.

Не важно, планируете ли вы возглавлять ваши продажи и маркетинг или нет, каждый учредитель должен понимать основные принципы стратегии коммуникации. Это неотъемлемая часть обучения ваших сотрудников, привлечения новых партнеров, расширения линии ваших продуктов и увеличения вашей аудитории. По крайней мере, это сделает вас намного более подготовленным к тому, чтобы наилучшим образом поручить эти задачи самым квалифицированным специалистам.

Здесь необходимо отметить значительную разницу между продажами и маркетингом, потому что они зачастую расплывчато квалифицируются как один процесс. На самом деле, несмотря на то, что они дополняют друг друга, они все равно выполняют разные функции в любом бизнесе. Вполне возможна ситуация, когда компания отлично справляется с одним процессом, в то же время практически полностью игнорируя другой. Точно так же вы можете обладать замечательными способностями к выполнению одного аспекта, но быть совершенно безнадежным с его «напарником». И это нормально. Ключом к самосовершенствованию является понимание источника своих слабостей и их последовательное исправление.

Продажи – это процесс превращения потенциальных клиентов в покупателей или же увеличения качества и количества уже существующих клиентов. Именно продажи приносят прямой доход вашему бизнесу и во многих смыслах делают последний «легальным». Проще говоря, без продаж у вас нет бизнеса.

Маркетинг – это процесс увеличения информированности о вашем бренде. Главной целью маркетинга является рассказать как можно большему числу людей о вашей компании или напомнить тем, кто о вас уже знает, почему для них должно иметь значение ваше существование. Это не обязательно приведет к прямому увеличению дохода. Многие люди, знающие о вас, могут никогда у вас ничего не купить. Вы находитесь в очень выгодном положении, когда даже те люди, которые никогда не воспользуются вашей продукцией, все равно признают в вас лидера своей индустрии или ассоциируют вас с определенной желаемой характеристикой.

Даже неклиенты, признающие вашу ценность, могут внести свой вклад в развитие компании, передавая информацию о вашем бренде до тех пор, пока она не достигнет идеального клиента.

Причина, почему продажи и маркетинг часто путают или объединяют в одно понятие, заключается в том, что один процесс может напрямую вести ко второму. Вам нужно, чтобы люди знали о вашем предложении прежде, чем их можно будет убедить совершить покупку. В достаточно малых масштабах оба действия могут быть выполнены одновременно и практически незаметно. Однако по мере роста вашей компании все больший смысл будет иметь разграничение этих двух процессов для достижения большей эффективности обоих. Для успешного выполнения обеих задач вам необходимо будет отточить ваши коммуникативные навыки.

Ваши темы для обсуждения могут варьироваться, но, скорее всего, они будут включать в себя комбинацию следующих пунктов:

- Видение миссии, ради которой существует ваша компания.

- Рассказ учредителя или исполнительного директора о прошлых достижениях, опыте и целях.

- История компании (или что привело к ее созданию).

- Информация о ключевых сотрудниках и другом персонале.

- Ваши текущая и будущая линии продуктов.

- Планируемые рекламные мероприятия.

Ваше послание должно быть личным. Оно должно быть о реальных людях, которые помогли вам основать и построить вашу компанию. Большинство успешных профилей компаний написаны от первого лица. В них говорится о личных мечтах, надеждах и целях одного человека и в бизнесе, и в личной жизни. Очень важно включать в этот рассказ описания и других членов вашей команды для создания целостного взгляда на компанию. Профили сотрудников должны объяснять занимаемые ими должности, а также то, какой вклад внес каждый конкретный человек в становление компании. Профили многих крупных предприятий также включают в себя информацию о том, как каждый их сотрудник может помочь клиенту.

Какой бы ни была ваша цель, навыки, приобретенные в результате прочтения этой книги, докажут свою бесценность применимо и к вашему бизнесу, и к личной жизни. Когда бы вам ни потребовалось сделать что-то, требующее помощи других людей, эффективная коммуникация – это катализатор, позволяющий воплотить это в жизнь. Как только вы научитесь правильно говорить, писать и представлять себя в выгодном свете, начинайте применять эти навыки на практике как можно быстрее. Вы не только станете лучше доносить информацию, но и будете воодушевлены продолжать эту практику, как только увидите эффект от качественной коммуникации с потребителями.

Когда вы освоите искусство общения, люди захотят работать с вами, а клиенты – совершить у вас покупку. Это самая влиятельная вещь, которой вы можете воспользоваться для улучшения своих перспектив.

Если вы, кроме эффективной коммуникации, больше ничего не будете делать, это все равно очень сильно вам поможет и в бизнесе, и в личной жизни.

Глава 9
Как продать себя

Позиционирование своего продукта или услуги на рынке сводится к тому, чтобы убедить достаточное количество людей, что ценность, которую они получат, гораздо значительнее любой другой вещи, на которую они могут потратить свои деньги. Вы конкурируете не только с людьми из вашей индустрии. Вы в буквальном смысле конкурируете с каждым продуктом на рынке и даже с каждой иной деятельностью, на которую они могли бы потратить свое время. Деньги и время имеют ограничение даже для самых богатых и влиятельных людей в мире. Когда вы тратите 5 долларов на чашку кофе, эта чашка конкурирует с уроками балета для вашей дочери или с кожаными сиденьями для вашей машины.

Кроме того, каждое решение о покупке можно разбить на серию более мелких решений, сделанных в конкретные моменты. Чашка кофе – это уже не просто чашка кофе. Хочу ли я кофе без кофеина? Хочу ли я капучино? Хочу ли я латте? Хочу ли я фраппучино темной обжарки, наполовину без кофеина, с карамелью и взбитыми сливками? Все это подпадает под разные категории внутри первоначального выбора купить кофе. Австрийский экономист Людвиг фон Мизес представил изучение механизмов человеческого выбора в своем фундаментальном трактате «Человеческая деятельность». Он продемонстрировал, как микродействия индивидуумов объединяются, создавая рыночные тренды внутри крупных экономических систем.

Продажа – это процесс передачи полезной информации и эмоциональной мотивации другим в попытке побудить их предпринять действие, которое будет в их же интересах, но которое иначе они бы не предприняли. Главная цель – помочь другим людям принимать наилучшие решения в их личной погоне за счастьем. Когда вы продаете себя, вы помогаете другим понять, как вы можете улучшить их собственную жизнь, и предоставляете им необходимую поддержку для преодоления какого-либо эмоционального сопротивления, чтобы совершить действие вместе с вами.

Этичный продавец не предпринимает попыток убедить кого-либо делать вещи, которые не кажутся ему наилучшим решением. Однако если вы точно знаете, что ваше предложение поможет кому-то другому, разве вы не сделаете все возможное, чтобы помочь этому человеку также увидеть это? Не важно, какие эмоции вы на данный момент испытываете, говоря о себе или своем бизнесе, вы должны научиться такому поведению, если хотите быть успешным в продажах. В конечном счете, будете вы управлять продажами в своей компании самостоятельно или нет, вам как лидеру все равно необходимо знать фундаментальную стратегию поиска новых клиентов и донесения своей истории.

Название этой главы было выбрано не случайно. Сконцентрируйтесь на продаже того, кто вы есть, потому что это является главной целью любого брендинга. Вы представляете придуманный образ всему миру и просите каждого считать это достойным его внимания. Вы настаиваете на своем, утверждая, что являетесь ценной единицей на рынке и что другие извлекут большую выгоду из знакомства с вами. Поэтому, даже когда вы просто представляете определенный продукт или услугу, произведенные вашей компанией, вы все равно представляете общий образ вашего бренда.

В предыдущем разделе мы много говорили о том, что понимание своей целевой аудитории равносильно пониманию себя. Эффективная коммуникация – это двусторонний процесс. Какие бы слова вы ни использовали в своей речи или письме, они должны быть направлены на существующую ментальность людей, которые будут получать эту информацию. Именно эта часть так осложняет обучение. Вы не просто объясняете, как что-то работает. Вы определяете, где заканчивается текущий уровень знаний ваших учеников, а затем находите необходимые слова, чтобы помочь им перейти на новый уровень знаний с их скоростью и способом, удобным для них.

Все, кого вы выберете, будут приходить из разных мест, и не важно, насколько хорошо вы будете стараться обратиться к ним. Вам необходимо быть в курсе той информации, которую вы отправляете в мир, и того, как люди вокруг вас склонны интерпретировать различные сигналы. В противном случае вы не сможете адаптировать свой подход к ним как к индивидуумам.

Некоторые сигналы универсальны. Во всем мире основы языка тела — это эволюционировавшая часть человеческой психологии лишь с небольшими вариациями. Мы даже можем наблюдать такие же физические сигналы общения у других млекопитающих. Широкие, прямые плечи и выставленная вперед грудь демонстрируют доминирующее положение, силу и, порой, агрессию. Сутулые плечи и скованность выдают страх, подчинение и общее беспокойство. Это также касается других качеств, таких как тон вашего голоса и скорость речи, хотя здесь уже в игру вступают культурные ожидания.

Такие искусственные факторы, как одежда, больше зависят от обстоятельств, основанных на социальных установках и контексте. На протяжении тысяч лет люди, которым удавалось достичь «королевского» статуса, использовали красивую одежду, чтобы отделить себя от низших классов. Сегодня каждый волен одеваться так, как ему хочется. Вы можете создать образ человека с высоким статусом, просто примерив на себя культурно соответствующий образ, используемый такими людьми. Дополнительные аксессуары, такие как украшения, часы и запонки, усилят этот эффект.

Какая бы личность вам ни подходила, намеренно демонстрируйте ее с помощью языка тела, стиля речи и одежды. Они должны соответствовать личностным атрибутам вашего бренда, которые мы обсуждали в главе 7. Только потому, что пиджак, рубашка, галстук и набор золотых запонок являются правильным подходом по мнению других, это не обязательно будет правильным подходом для вас. Возможно, к вашей аудитории будет лучше обратиться, используя более непринужденный, ироничный или даже эксцентричный стиль общения. Только вы можете решить, как олицетворять нового себя.

Следующие две главы расскажут о том, как эффективно говорить и писать о продажах или чем-либо, что имеет отношение к вашему бизнесу. Это главные транспортные средства, с помощью которых мы доставляем нашу историю в мир, несмотря на многие изменения, через которые проходит рынок, — и культурные, и технологические.

Искусство рекламы

Когда вы понимаете, кем вы являетесь и кому себя презентуете, стоит задуматься о том, чтобы перенести свою историю в официальный формат, который шаг за шагом направит вашего потенциального покупателя от полного игнорирования вашего существования к готовности и желанию совершить у вас покупку. Отличная реклама рассказывает интересную историю, в которой ваш потенциальный покупатель выступает в качестве главного героя, преодолевающего серьезные препятствия на пути к большему счастью. Такая реклама нацелена на нужды клиентов, а не восхваление ваших преимуществ.

Посмотрите на вещи с точки зрения вашего потребителя. Если я приду к вам в поисках очень специфического решения своей проблемы, а вместо этого вы начнете говорить о каких-то других аспектах вашего продукта, не имеющих никакого отношения к тому, что мне необходимо, я не увижу никакой ценности в вашем предложении и буду просто игнорировать вас. Вы должны выйти за рамки своей собственной концепции того, что делает вашу компанию успешной, чтобы рассказать историю, в которой мне (как потенциальному клиенту) захочется поучаствовать.

Чтобы этически убедить новых покупателей, вам нужно сконцентрироваться на том, что необходимо вашей аудитории. Вы достигнете этого намного быстрее, если будете больше слушать, чем говорить. Пусть ваша аудитория начнет говорить о себе, о своих переживаниях и о том, что они ищут. Не важно, общаетесь вы с кем-то по телефону, по электронной почте или при личной встрече, самым любимым субъектом любого человека является он сам. Если вы предоставите ему пространство и направите его с помощью правильных вопросов, он расскажет все, что вы хотите знать, но только если вы научитесь внимательно слушать.

Технологии и удобство рынка сделали большинство потребителей ленивыми. Чаще всего бремя показать им то, что они хотят увидеть, будет падать на вас. У них нет необходимости решать проблемы самостоятельно, и они не дадут вам много шансов представить свое предложение в верном контексте, с помощью правильной комбинации слов и изображений. Вы можете сопоставить ценность предлагаемого вами продукта с восприятием ценности, которую ищут другие, а затем обсудить это с помощью слов и символов. Именно в этот момент продажи проходят легко и без всяких помех.

Когда вы рекламируете свою компанию, ничто не может быть лучше, чем видеть перед собой свою аудиторию. Это позволяет вам мониторить то, как меняются их ответы по мере получения от вас новой информации. Люди не обязательно всегда будут прямо говорить вам, что им нравится или не нравится или что они хотят услышать от вас далее. Если вы разовьете навык наблюдения, то ясно поймете, что делать дальше, по выражению их лиц, языку тела и тону голоса в дополнение к любым возражениям, которые у них могут возникнуть.

Именно поэтому такие холодные методы, как продажа вразнос и телефонные звонки, являются самыми сложными, но при этом самыми эффективными способами продажи. Никакой другой подход не ставит вас в положение, где вам необходимо отвлекать внимание человека от целой вселенной других вещей, на которых он может быть сосредоточен, чтобы отслеживать выражение его лица в реальном времени, по мере того, как вы продвигаетесь в направлении принятия решения о покупке. Опытный наблюдатель знает, как задавать правильные вопросы и предоставлять информацию, которая всегда соответствует ожиданиям слушателя. В таких случаях люди чувствуют себя вовлеченными в беседу, и она плавно течет к взаимовыгодной желаемой цели – совершению покупки.

В некоторых ситуациях мне приходилось совершать сотни холодных звонков потенциальным клиентам прежде, чем инициировать другие способы продажи, чтобы иметь возможность сравнить восприимчивость рынка к разнообразным вариантам представления предложения. Я смог использовать извлеченные из этих телефонных бесед знания и превратить их в концептуальный и многоуровневый подход к продажам, который уже был протестирован на рынке.

Целью всего этого был сбор достаточного количества данных от настоящих респондентов, чтобы составить план атаки, который мог бы работать при выходе на большой рынок.

«Маркетинг уличного кота» и холодный подход к мгновенным продажам

Моей личной страстью является защита прав животных. Это, в частности, забота о больных бездомных котах и поиск для них нового дома среди людей, которые смогут ухаживать за ними на постоянной основе. Многие люди подумают, что эта инициатива несовместима с моим крайне мобильным образом жизни, учитывая то, что я редко провожу больше двух недель или месяцев на одном месте. Они считают, что поиск человека, который захочет приютить кота, — это довольно продолжительный процесс, а не что-то, чего можно достичь спонтанно. В конце концов, просто посмотрите на количество бездомных котов на улицах или в приютах в ожидании новых хозяев.

На протяжении прошлого года я подобрал как минимум дюжину котов с улиц Гуанахуато, Касабланки, Кумаси, Куала-Лумпура, Убуда, Тбилиси, Афин и других городов, и впоследствии нашел для них новые дома. Причина, почему мне это удается, заключается в том, что я понимаю искусство холодной рекламы. Я знаю, как выделить потенциальных покупателей среди большой группы случайных людей, продемонстрировать самые уникальные и привлекательные атрибуты того, что я продаю, а также произнести правильные слова, которые приведут к принятию решения о покупке как можно быстрее. Мне это удается даже в тех местах, где я не обладаю никакими социальными связями и не знаком с местным языком или культурой.

Я называю этот процесс «маркетинг уличного кота». У него двойное значение, потому что коты являются «уличными котами», а я нахожу новые дома для них с помощью старого доброго «уличного маркетинга». Зачастую я беру своего нового четвероногого спутника на руки и брожу по людным общественным местам, таким как парки и уличные кафе, чтобы привлечь внимание и интерес подходящих людей (так называемых кошатников). Неопровержимым является тот факт, что любого человека, любящего котов, непременно привлечет хорошо одетый молодой человек с милым котенком на руках. Это первый шаг в оценочном процессе, и вскоре они становятся подходящими лидами.

Очевидная необычность ситуации заставляет большое количество людей смотреть в мою сторону или сразу подходить ко мне, чтобы поиграть с котенком и задать несколько вопросов. Мне удается привлечь внимание, просто будучи уникальным в окружающей обстановке. Так как люди уже заинтригованы и задают мне вопросы, все, что мне необходимо сделать, это давать такие ответы, которые будут поощрять их задавать новые вопросы. Я отвечаю в форме краткого описания — истории о том, что я неугомонный путешественник, живущий по всему миру и спасающий котов, где бы я ни находился. Теперь у них есть контекст того, кто я такой и какой информацией поделюсь далее.

Когда я рассказываю, что нашел кота, которого держу сейчас на руках, борющимся за выживание на улице, и как с тех пор он превратился в здорового и дружелюбного питомца, моя аудитория становится эмоционально вовлеченной. Она готова действовать.

Я говорю о том, что скоро уезжаю из страны и если мне не удастся найти новый дом для этого кота, который стал таким красивым существом, с мягкой шерстью и любящими глазами, то мне придется вернуть его на улицу, где я его нашел. Если я действительно хочу довести дело до конца, я показываю фотографии в своем телефоне, на которых видно, в каком плачевном состоянии был этот кот, когда я только нашел его. Это служит доказательством моей истории и обосновывает их растущее эмоциональное сопереживание.

Мои слушатели и без моих слов понимают, что кот потеряет доверие к людям, которое он обрел, и вновь станет облезлым диким животным. В этот момент мне редко приходится просить их о чем-то. Если кто-то из них может приютить кота, он сам предлагает это. Или, что чаще всего, люди предлагают поспрашивать вокруг, кто хочет взять себе кота, а потом возвращаются ко мне.

Весь процесс может занять минуту или две, но главный смысл послания и его влияние очевидны. Такой метод еще ни разу меня не подводил, и мне удавалось найти новый дом для уличных котов в течение одного часа; иногда, правда, этот процесс занимал и несколько недель. Однажды под моей опекой был выводок сразу из пяти котят, и я носил их в своем чемодане на протяжении шести недель прежде, чем мне удалось найти человека, который захотел взять себе все кошачье семейство.

Именно активная агитация и смелость холодного подхода помогают в этом, однако очень немногие предприниматели применяют подобный подход к своим продуктам. Коты («продукты» в данном сценарии) уже рядом, и их может взять любой человек абсолютно бесплатно. Причина, почему он сам не забирает себе бездомное животное, заключается в том, что никто не сделал этот процесс удобным для него и не назвал какой-либо особенной, уникальной причины выбрать определенного кота.

Когда люди неожиданно получают предложение с помощью моего «маркетинга уличного кота», они не рассматривают концепцию приютить бездомное животное как таковую. Они смотрят на уникальное создание, существующее в своей собственной категории. Это пробуждает к более глубокому уровню эмоционального сопереживания. В диалог добавлены элементы страха и срочности. Существует только один конкретный кот с такой удивительной историей, и решение должно быть принято быстро, иначе эта возможность будет навсегда упущена, а бедный маленький котенок вновь окажется на улице.

Как продавец я могу быть мостом, соединяющим этих потенциальных «покупателей» с тем необходимым, о чем они даже не догадывались до того момента, пока не получили такое предложение. Это хорошо и для них, и для кота. Это выигрышная ситуация для обеих сторон, а лучше всего то, что это даже не воспринимается как маркетинговый ход. У людей, с которыми я общаюсь, никогда не возникает ощущения, что ими манипулируют, чтобы заставить совершить определенное действие. Они просто делают то, что им кажется правильным в данный момент.

Лучший маркетинговый ход в мире — это незаметный маркетинговый ход.

Простое предложение ценности против сложного

Чем проще ваше предложение ценности, тем легче будет донести его массовой аудитории. И наоборот: чем сложнее продукт, тем больше он будет привлекать определенную группу населения с более утонченными предпочтениями. В этом случае намного важнее говорить о качестве составляющих, технике производства, опыте людей, стоящих за его созданием, и других отличительных факторах продукта. Вам как владельцу небольшого бизнеса не стоит пытаться обратиться к массовой аудитории. Ваша цель — углубиться и сузить вашу аудиторию с помощью особенного обещания, после чего сделать ваш бренд синонимом этому обещанию.

Перед совершением такой крупной покупки, как автомобиль, люди обдумывают каждую деталь, которая входит в это решение. Они размышляют о том, как часто нужно будет проходить техобслуживание, или о местах, куда они смогут поехать в ближайшем будущем. Сколько людей можно будет перевезти в этой машине? Как быстро она разгоняется от 0 до 60 км/ч? Насколько она безопасна при аварии? За сколько ее можно будет продать после 100 000 км пробега? Вам необходимо ответить на эти и другие вопросы, если вы хотите произвести впечатление таким необычным и сложным предложением ценности.

Понимание, какая именно информация важна для вашей аудитории, а что будет излишним, зависит от того, насколько хорошо вы задаете вопросы и как умеете слушать. Ваша задача заключается в определении правильных вопросов, чтобы задать их правильным людям, так как сами они очень редко знают, какой информацией необходимо поделиться, если не направить их в нужную сторону. Именно поэтому участие в беседе вместо односторонней речи играет очень важную роль в формировании образа вашего бренда.

Все происходит по-другому, когда вы пытаетесь рекламировать свое предложение в статичном письменном формате. Написание рекламных текстов является очень ценным навыком, требующим знаний способов продаж с целью получения наибольшего количества ответов от респондентов. Так как вы не можете протестировать и адаптировать рекламный текст во время его прочтения, вам необходимо потратить дополнительные усилия на написание и редактирование его перед публикацией. Вы должны предвидеть проблемы, с которыми могут столкнуться люди, когда начнут читать его, и знать, как постепенно провести их через каждое предложение, чтобы они в итоге сделали необходимый вам вывод.

Вы можете усилить эффект любого печатного материала, выходящего в массовую аудиторию, тестируя различные варианты в более мелких группах. Это позволит вам определить, как ваш целевой рынок реагирует на различные типы статей или определенные методы продаж, и, как следствие, лучше подготовиться к написанию рекламных текстов в будущем.

Связь между практической ценностью и эмоциональным опытом

Вполне очевидно, что хорошая реклама должна содержать привлекательные характеристики, которые выделяют ваш продукт среди похожих вариантов на рынке. Но помимо физических свойств, которые делают ваше предложение более практичным, чем у конкурентов, существует также спектр эмоционального опыта, с помощью которого ваши потенциальные клиенты определят и запомнят ваш бренд. Ваша задача – найти способ, как связать практические элементы продаваемой вами продукции с определенными эмоциями.

Этот процесс похож на то, как мы вспоминаем фильмы, спектакли, песни и даже людей, которых мы знаем на протяжении длительного времени. Когда человек вспоминает какую-либо историю, он больше думает о связанных с ней эмоциях, таких как волнение, страх, веселье или грусть, вместо того, чтобы вспоминать определенные моменты сюжета. Эти эмоции окрашивают в различные цвета наши воспоминания и задают тон фактам и действиям, свидетелями которых мы стали.

Возможно, вы помните основной сюжет «Звездных войн», когда Люк Скайуокер покинул свой дом, узнал о Силе и разрушил «Звезду смерти». Вне зависимости от того, в каком возрасте вы впервые посмотрели этот фильм, у вас наверняка остались стойкие впечатления от уникального сочетания героизма, научной фантастики, философии, космических битв и щепотки магии, которые определяют атмосферу вселенной «Звездных войн». Именно преданность этой фирменной атмосфере будет занимать мысли фанатов саги, когда они решают, признавать ли любые последующие сиквелы или приквелы в качестве преемников их любимого оригинала.

Намного проще продемонстрировать практическую ценность вашего продукта. Все, что вам необходимо, это техническое описание его функций. Если вы продаете травяные таблетки для похудения, вы можете описать их так: «Наши добавки позволяют женщинам старше 50 лет потерять 10 фунтов за 2 недели без диет и упражнений». Если вы не можете рассказать людям о конкретных преимуществах, которые они получат, потратив на вас свои деньги и время, вам будет очень сложно убедить их сделать это. Подробные описания помогают людям ясно осознать, что ваше предложение – это как раз то, что им нужно. Это лишает их гадания и рисков.

В дополнение к реальному потерянному весу и особенному составу таблеток на основе трав, которые вы продаете, стоит также учитывать то, как люди относятся к потере веса. Вы должны помнить о потенциально сильных эмоциях, которые убедят их рассмотреть использование дополнительного средства для похудения. Они должны хотеть отстраниться от негативного эмоционального опыта и приблизиться к соответствующему позитивному опыту, который может принести им ваша продукция. Если вы не сможете точно восстановить это эмоциональное состояние и связать его с фактическими характеристиками вашего продукта, у вас не будет эффективных продаж.

Научитесь думать о том, что ваш продукт дает другим и какие эмоции он у них вызывает. Люди отвечают на эмоции прежде, чем на интеллектуальные причины, и именно это создает вовлеченность. Однако вы не должны презентовать пустые эмоции, не имея чего-то стоящего, чтобы подкрепить их. Рассказывайте о практических преимуществах в контексте того, что испытает ваш покупатель после использования вашей продукции, а затем периодически обращайтесь к этим чувствам, говоря об особенных характеристиках продукта. В конечном итоге все должно сводиться к тому, как ваш продукт улучшит жизнь вашего клиента.

Контекст ваших отношений с потенциальным покупателем также имеет значение. Вы должны уметь убеждать абсолютных незнакомцев чувствовать себя так, будто они знают вас достаточно хорошо, чтобы поверить вашим словам и доверить вам свои деньги. Вы можете достичь этого с помощью особо привлекательного образа вашего бренда, а также показывая им, что вы понимаете их проблемы.

Подтверждение концепции

Даже самая неграмотно составленная реклама в мире все равно может быть успешной, если она правильно делает только одну очень важную вещь: подтверждает концепцию. Это то, что демонстрирует вашей аудитории, что все ваши заявления являются правдивыми. Чтобы достичь этого, вы можете показать потенциальным клиентам реальные примеры того, как ваш продукт помог другим людям или даже вам в схожей ситуации. Это может быть так же очевидно, как и живая демонстрация вашего продукта.

Если вы продаете услугу, которую будете оказывать самостоятельно, существуют ли варианты рекламы, чтобы показать эффективность вашей услуги? Если вы консультант, впервые говорящий с потенциальным клиентом, можете ли вы продемонстрировать ему в течение первых 15 минут разговора, сколько возможностей он упускает, или научить его думать нестандартным образом? Если вы будете совершать такие небольшие вещи во время первого разговора, это продемонстрирует, что вы знаете, о чем говорите, и стоите той цены, которую просите.

Чтобы эффективно использовать подтверждение концепции, необходимо быть близко знакомым с основной проблемой вашего клиента, с которой он к вам обратился. Знаете ли вы, о чем человек думает, когда решает, какой автомобиль купить – А или Б? Или когда он размышляет, какую путевку заказать или стоит ли нанять вас в качестве тренера вместо кого-то другого? Чаще всего ему необходимо что-то конкретное и измеримое. Определите, что это, и найдите способ показать, каким образом ему подходит ваш продукт.

Преодоление возражений

Возражения – это любые мысли потенциального клиента, которые могут остановить его от совершения покупки. Очень редко вам будут встречаться люди, которые полностью уверены, что они хотят купить именно вашу продукцию. Большинство клиентов необходимо убеждать, что ваш продукт – это наилучший доступный выбор, и это означает, что именно вам придется отвечать на озвученные и неозвученные возражения, которые могут у них быть.

Помните, что не все люди попадают в вашу узко обозначенную целевую аудиторию. Обоснованное возражение – это все, что может отговорить потенциального клиента извлечь всю ценность из вашего предложения, а потому делает его неудачным покупательским решением. Возможно, оно слишком дорогое для его нынешнего финансового положения. Возможно, он слишком занят, чтобы использовать его. Возможно, его желания и потребности на самом деле отличаются от ваших ожиданий и не относятся к конкретной проблеме, которую решает ваш продукт.

Что бы это ни было, лучше всего определить эти моменты как можно скорее, чтобы вы могли остановить процесс продажи и не тратить время друг друга. Было бы абсолютно неэтично продолжать пытаться продать вещь человеку, который продемонстрировал обоснованное возражение против вашего предложения.

Если вы достаточно хорошо изучили своего покупателя, то вы будете сталкиваться только с незначительными необоснованными возражениями. Необоснованное возражение – это любая причина, чтобы не совершать покупку, основанная на неправильном восприятии вашего продукта или на нерациональных эмоциях. Если потенциальный клиент не видит, как ваш продукт решит его проблему уникальным и наилучшим способом, значит, вы плохой собеседник. Вы должны понять, что нужно сказать или сделать, чтобы показать ему незаметную ранее ценность вашей продукции неоспоримым образом. Только тогда он соединит все фрагменты пазла и достигнет рационального заключения о включении вашего продукта в свою жизнь.

Что, если его возражение эмоционально? Иногда потенциальный клиент уже полностью понимает, что он хочет получить от вашего продукта. Он уже оценил все риски, а также время и деньги, которые он потратит, согласившись купить его. Но он все равно сомневается. Он еще никогда не тратил столько денег на машину. Он хочет узнать мнение своей жены прежде, чем продолжить обсуждение. Он встретил вас час назад, и его нервирует мысль о том, чтобы отдать вам тысячи долларов, заработанных с таким трудом.

Именно в таких ситуациях вам необходимо сменить шляпу учителя на шляпу наставника. Чтобы быть эффективным в продажах, вы должны быть готовы взять покупателя за руку и провести его через ряд эмоций, которые ведут к положительному результату, даже если единственным препятствием являются его собственные сомнения.

Более того, вы должны понимать, что люди очень редко будут активно озвучивать свои сомнения, зная, что вы пытаетесь им что-то продать. Для некоторых людей вполне естественно рассматривать разговор о продажах в качестве рекламы вместо сотрудничества, и частью их игры является предоставление вам как можно меньшего количества информации о себе и своих потребностях.

Если продажа идет не очень гладко, спросите себя, какой информации о мотивации и возможных возражениях вашего потенциального клиента вам не хватает. Затем заставьте его говорить. Выудите из него всю возможную информацию. Если вы позволите кому-то говорить достаточно долго, рано или поздно он расскажет все, что вам нужно знать. Только тогда вы поймете возражения, имеющие отношение к его ситуации, чтобы иметь возможность обратиться к ним и найти способ их преодолеть. Это основной пример того, когда предпринимательское сочувствие является незаменимым для достижения успеха.

Минимизация и избегание рисков

Довольно просто забыть, что каждый раз, когда мы просим незнакомца потратить деньги у нас, он неизбежно рискует. Вы можете быть уверены в том, что ваше предложение соответствует всем требованиям клиента, но на самом деле все обстоит не так. Он не знаком с вашим продуктом так, как вы, потому что, скорее всего, слышит о вас впервые. В связи с этим вы никогда не можете быть на 100% уверены, что ваше предложение на самом деле является наилучшим решением для другого человека, так как вы не живете его жизнью. Вы не оцениваете вещи так, как их оценивают ваши клиенты, и не знаете всех их проблем. Вы можете лишь попробовать сделать осознанную догадку о том, как они воспринимают мир, основываясь на информации, которую они вам решили предоставить.

Именно поэтому вы должны взять преодоление этой естественной неуверенности в выборе в свои руки. Чаще всего это выражается в форме гарантий, обязательств, политики возврата товара или модернизации продукта, который уже был продан. Такой подход успокаивает потенциальных покупателей, так как он помогает продавцу быть уверенным в том, что продвигаемый им продукт действительно предоставит заявленные услуги, а также подходит к конкретной ситуации.

Существует опасность того, что обещания могут оказаться слишком сложными для выполнения и неразборчивые покупатели воспользуются этим, если вы будете слишком щедры в своих обещаниях. Вопреки широко распространенному мнению, покупатель не всегда прав. Решение совершить покупку — это договорное соглашение между покупателем и продавцом, которое они обязались выполнять. Если покупатель выдвигает необоснованные требования к вашему продукту, на которые вы не соглашались, нет ничего плохого в том, чтобы настоять на своем и сообщить ему, что он ошибается.

Несмотря на вышесказанное, многие крупные бренды будут лезть из кожи вон, чтобы успокоить даже тех покупателей, которые явно не правы, только по той причине, что так будет лучше для их публичного образа. Вам необходимо хорошо продумать политику, которая касалась бы того, как далеко вы готовы пойти, чтобы не дать иррациональным людям жаловаться на вас. И вам нужно будет придерживаться ее на протяжении всего существования вашей компании. Это является очень важной частью образа вашего бренда. Хотите ли вы быть компанией, которая усиленно работает, чтобы сделать всех вокруг счастливыми? Или вы желаете быть непреклонным и стоять на своем, если уверены в своей правоте?

Представляя свое предложение кому-либо, объясните, что вы готовы предпринять достаточно усилий, чтобы обеспечить удовлетворение вашим продуктом на протяжении длительного времени после заключения сделки. Это один из способов превратить единоразовую импульсивную покупку в длительные отношения с вашим брендом. Таким образом, ценность каждого клиента многократно возрастает, так как он будет возвращаться к вам спустя месяцы и годы, чтобы получить решения других своих проблем. Также он с большей вероятностью будет рекламировать ваши услуги среди вашей целевой аудитории, рассказывая о вас своим знакомым.

Когда вы освоите эти принципы и научитесь применять их ко всем своим продажам, вы получите больше клиентов — счастливых клиентов. Они будут возвращаться к вам снова и снова, а также приводить своих друзей, потому что вы сделали для них что-то такое, чего никто до вас не делал.

Глава 10
Как говорить ясно, властно и неординарно

Независимо от того, стремится ли человек стать профессиональным оратором, торговым агентом или каким-либо представителем, каждый предприниматель должен изучить хотя бы основы художественной декламации. Почему? Потому что разговор и письмо являются основными способами, с помощью которых мы доносим ценную информацию и указания другим людям.

Когда вы говорите с членами вашей команды, вы можете использовать различные виды воздействия, зависящие от того, насколько хорошо вы объясняете своим сотрудникам их задачи, пытаетесь мотивировать их или создать более сильную корпоративную культуру. Если вы находитесь в поиске партнеров и других B2B-отношений, вы увидите, что готовность других профессионалов работать с вами будет в значительной степени зависеть от того, что они чувствуют при разговоре с вами, а также от лаконичности, с которой вы представляете информацию во время беседы.

Возможно, вы уже решили для себя, что просто наймете торгового представителя, чтобы он был лицом и голосом вашей компании в тех случаях, когда необходимо реальное человеческое присутствие, чтобы создать правильное живое впечатление, а также для холодных звонков потенциальным покупателям или для создания презентаций. Даже если, в конечном счете, лучшим бизнес-решением для вашей компании окажется аутсорсинг продаж и/или маркетинга, существует много других преимуществ понимания того, как следует общаться и как индивидуум, и как представитель компании.

Мы уже обсудили основы эффективных продаж в **главе 9 «Как продать себя»** и поговорим более детально о нюансах коммуникации с другими компаниями в **главе 12 «Как обучить свою аудиторию».** Сейчас же мне бы хотелось сосредоточиться на самом процессе ораторского искусства, чтобы вы были готовы правильно его использовать в любых обстоятельствах.

Эти простые методы я узнавал на собственном опыте на протяжении многих лет, когда мне приходилось говорить медленно и четко, чтобы объяснить сложные понятия маленьким детям или помочь бесчисленному количеству иностранцев научиться использовать английский язык так, будто он их родной, а также во время организации торговых презентаций и частных консультаций бизнесменам, оказывающим элитные услуги.

Ваша речь не должна быть спонтанной. Чтобы достичь эффективной коммуникации, все, что вы говорите, должно быть связано общей темой. Существует выражение, которое я очень люблю: «В каждом разговоре кто-то продается». Его не следует понимать буквально в том смысле, что каждое предложение из ваших уст должно быть произнесено с целью продажи товара; скорее понимайте его так, что при общении с другим человеком все делается со скрытым намерением оказать некое воздействие на его мысли.

Вы знаете, в чем состоит цель разговора, прежде чем открыть рот? Если вы этого не знаете, очень высока вероятность того, что в конечном итоге вы будете просто бесцельно говорить, путая свою аудиторию или рассеивая главный посыл своего сообщения. В той или иной форме ваша задача заключается в том, чтобы изменить поведение другого человека при разговоре с вами.

Общение за пределами слов

Каждый, кто ездил в чужую страну, не зная местного языка, скажет вам, что коммуникация – это гораздо больше, чем просто понимание произнесенных слов. За последние 10 лет я сумел объездить практически весь мир, несмотря на то, что я владею только английским и разговорным испанским.

Причина возможности функционирования в обществе, где слова не имеют никакого значения, заключается в том, что мир намного сложнее. Эмоции легко передать с помощью улыбки и приятной интонации голоса или, наоборот, хмуря брови и крича на своего собеседника. Такие универсальные понятия, как размер объектов, направление, количество или желание выпить пива, могут быть описаны достаточно эффективно с помощью жестов рук и простых звуков.

Работая преподавателем английского языка как иностранного, я поощрял своих наиболее робких студентов жестикулировать как можно активнее при использовании тех нескольких английских слов, которые они знали. Я хотел, чтобы они увидели, что лучше общаться, делая хорошо очень простые вещи, чем пытаться запомнить как можно больше лексики и правил английского языка. Привыкая с самого первого дня к новым способам использования своего английского, они получали доступ к гораздо более широкому спектру коммуникационных возможностей, которые не зависят от наличия большого словарного запаса.

Они научились общаться без страха или попыток угадать, совместив интуитивную выразительность жестов с тем словарным запасом, который был в их распоряжении. Редко результат был идеальным, но мои студенты оказались на удивление способными получать то, что им было действительно необходимо.

Стиль против содержания

Общее впечатление, создаваемое вами всякий раз, когда вы открываете рот, будет определяться и содержанием, и стилем того, что вы говорите. Стиль очень эффективно создает убедительную вербальную коммуникацию. Самая скучная информация в мире может вызвать интерес и любопытство, если правильно ее преподнести. Вот почему актеры озвучивания зарабатывают так много. Очень часто их задача заключается в том, чтобы определить, как поставить правильный акцент на ряде слов, сделать паузу в нужном месте и, как следствие, создать желаемый эмоциональный отклик в речи, рассказе или рекламе.

И наоборот: наиболее интересная или важная тема пройдет совершенно незамеченной, если говорить монотонным, неуверенным голосом или неприятным, раздражающим тоном. Люди – эмоциональные существа и интуитивно реагируют на то, что всецело захватывает их чувства. Только после того, как мы увлечены эмоционально, мы останавливаемся на минутку, чтобы осмыслить интеллектуальное содержание того, что слышим.

Стиль речи имеет еще большее значение, если вы разговариваете по телефону или через видеочат с помощью таких приложений, как Skype или Hangout. Человек, с которым вы общаетесь, может получить дополнительную информацию о вас только посредством вашего голоса и в меньшей степени выражения вашего лица и языка тела. Длительный телефонный звонок может творить чудеса, особенно если ваша внешность не столь эффектна для создания впечатления, которое вы бы хотели произвести.

Уверенность в голосе при озвучивании смелых утверждений имеет решающее значение, когда люди размышляют, доверять ли вам. Если вы освоите этот навык, вы сможете убедить незнакомцев потратить сотни или даже тысячи долларов всего через несколько минут после первого разговора с вами. Многие полагают, что откровенному человеку очень трудно говорить с искренностью и уверенностью.

Именно поэтому наша интуиция часто предупреждает нас, когда кто-то лжет или приукрашивает факты. Его манера говорить бессознательно меняется очень тонко и незаметно, и мы можем обнаружить, что что-то идет не так. Это еще одна причина, почему талантливые актеры так много зарабатывают и приобретают статус знаменитости. Они способны заставить нас верить всему, что требует сценарий, так как могут невероятно точно изменять свои эмоции для достижения наибольшей правдоподобности.

Помимо общей убежденности знаете ли вы, какие именно эмоции потребители должны ассоциировать с вашей компанией? Это один из ключевых элементов образа вашего бренда, и он должен быть четко отражен в том, как вы говорите.

Язык тела

Многие исследования показали интересную статистику относительно восприятия информации. Некоторые эксперты утверждают, что 55% коммуникации происходит с помощью языка тела, 38% – с помощью тона голоса, и только оставшиеся 7% – это фактическое содержание вашего сообщения. Независимо от точности этих исследований, неопровержимая истина заключается в том, что то, как другие люди воспринимают ваш образ и сообщение, которое вы пытаетесь донести, будет определяться тем, как вы используете ваше тело, а не только голос.

Не позволяйте этим цифрам привести вас к заключению о том, что сообщение, сказанное вслух, не имеет большого значения.

Эти 7% все равно очень важны, так как это единственная причина, почему вы стоите перед другими людьми. Для того чтобы донести сообщение, содержащееся в этих 7%, со всей эффективностью, вам необходимы другие 93%, чтобы поддержать и усилить его. Ваша аудитория должна получать информацию о вас и на явном, и на скрытом уровнях, чтобы избежать концептуального несоответствия в своем восприятии вас. Диссонанс между тем, что явно утверждается, и тем, что интуитивно воспринимается, — это часто то, что заставляет нас не доверять другим людям, даже если мы не в полной мере понимаем причину.

Независимо от того, с кем вы говорите, язык вашего тела должен быть естественным, а не вынужденным. Это трудно описать, потому что то, что происходит естественным образом, варьируется от человека к человеку. Цель состоит в том, чтобы чувствовать себя комфортно перед своей аудиторией, так как это создает уверенность и вызывает доверие к вашим словам. Если вам удобнее всего держать руки в карманах, это является гораздо лучшей альтернативой неумелому жестикулированию или рукам, неловко вытянутым по швам, потому что вы где-то прочитали, что это необходимо для хорошего языка тела. Вы, без сомнения, заметили, что тема того, как лучше узнать самого себя и соответственно планировать свои действия, неоднократно повторяется на страницах этой книги.

Если вы обращаетесь к большой группе, язык вашего тела не должен быть просто преувеличением жестов, которые вы использовали бы в дискуссии один на один. Устанавливайте зрительный контакт с наибольшим количеством людей в помещении и с отдельными членами аудитории во всех его частях. Не зацикливайтесь на одном человеке или одной части помещения: вы заставите его чувствовать дискомфорт, в то время как все остальные будут чувствовать себя обделенными. Если формат это позволяет, передвигайтесь по сцене: это приведет вас к контакту с большим количеством членов вашей аудитории, и до тех пор, пока вы не переусердствуете, это будет визуально более стимулирующим для всех слушателей.

Тон голоса и язык тела – это вещи, которым можно научить, и вы научитесь управлять ими, когда станете более уверенным в использовании техник, описанных ниже. Как и с любым новым материалом, вы будете учиться быстрее, сразу же применяя эти знания на практике, пусть даже поначалу результат не будет идеальным.

Взаимодействуйте со своей аудиторией

Успех любого вида коммуникации зависит от вовлеченности аудитории. Люди должны обращать на вас внимание и быть заинтересованы в том, что вы хотите сказать. Вы должны подогреть их естественное любопытство и вызвать соответствующие эмоции. Возможно, это легче сказать, чем сделать, но существует несколько эффективных и простых в использовании техник, которые позволяют достичь этого относительно легко.

Сделайте свое обращение личным. Одно из преимуществ получения вашего сообщения в устной форме, в отличие от письма, заключается в том, что это дает вам возможность взаимодействовать с аудиторией таким образом, который был бы невозможен при использовании электронных рассылок, буклетов и других письменных методов продаж. Вы должны использовать это и извлечь из этого максимальную выгоду. Помимо правильного языка тела и тона голоса очень хорошим способом взаимодействия является донесение своего сообщения до эмоционального и личностного уровня человека, с которым вы разговариваете.

Для технически мыслящих людей очень заманчивой является идея представить всю необходимую информацию в техническом ключе и все равно остаться в области теории. Использование анекдотов, историй из вашей жизни или жизни ваших коллег или друзей выстраивает разговор таким образом, чтобы вызвать эмоции, – это невероятно мощный способ заставить аудиторию смотреть на вещи с вашей точки зрения и показать, как все, о чем вы говорите, касается их собственной жизни.

Эмоции, на которые вы ссылаетесь, могут быть абсолютно любыми – главное, чтобы они служили цели вашей коммуникации. Это могут быть печаль, волнение, горе, торжество, разочарование, веселье, гнев или что-то еще, что заставляет слушателей сопереживать вам или же будет для них стимулом для достижения определенного заключения. Эмоциональная открытость – это очень сильный способ заставить людей сначала слушать, а затем стать на вашу сторону. После того как вы завоевали их внимание, половина битвы уже выиграна.

Начните со взрыва. Как и при любом социальном взаимодействии, первое впечатление имеет здесь решающее значение. Многие люди составляют свое мнение о вас в течение первых нескольких минут после встречи с вами. То, как вы начинаете свою беседу и презентацию, является одной из самых важных частей всего процесса. Если вы потеряете аудиторию в самом начале, то вряд ли сможете завоевать ее потом, независимо от того, насколько сильны ваши аргументы.

Использование эмоциональных анекдотов – один из отличных способов начать разговор. Иногда статистика или факты, относящиеся к данной теме, могут быть весьма информативными и вряд ли будут являться чем-то, о чем все знают. Если вы продаете данные или анализ, вам будет относительно просто. Какой бы ни была тема или причина для разговора, небольшое исследование станет той самой ценной информацией, которая заставит вашу аудиторию внимательно слушать и реагировать как на интеллектуальном, так и на эмоциональном уровнях. Вы сразу заслужите ее уважение и после этого будете рассматриваться в качестве эксперта в своей области (или, по крайней мере, как кто-то, у кого есть что предложить).

Объединив все эти вещи и соединив их с вашим собственным стилем и индивидуальностью — а это то, что вы должны сохранять всегда, даже при изменении подхода к своему бизнесу, — вы станете уверенным оратором. Чем увереннее вы становитесь, тем больше вы сможете импровизировать, и все описанное в этой главе станет вашей второй натурой. Мало того, что вы будете в состоянии провести сногсшибательные презентации снова и снова, вы начнете наслаждаться процессом и даже с нетерпением ждать их.

Глава 11
Как проявить себя в письме

Переписка стала наиболее распространенной формой общения в эпоху Интернета. Так же, как и в устной речи, *стиль* вашего письма зачастую является более важным, чем его *содержание*. Орфография, пунктуация, грамматика и выбор лексики влияют на восприятие людьми того, что вы пишете. Это не означает, что вы должны превзойти самого себя и использовать излишне сложный язык или стать экспертом в грамматике. Вы должны показать, что вкладываете свои мысли и намерения в каждую деталь того, что делаете.

Эффективное письмо – это донесение главного смысла сообщения как можно быстрее, без использования лишних слов, но и без ущерба для своего образа.

Вот два основных греха плохого письма, являющихся крайностями:

- Слишком длинное и сложное описание.

- Слишком короткое и упрощенное письмо.

Идеальное письменное сообщение – это такое, которое четко рассказывает вашим читателям о том, кто вы, почему вы обращаетесь к ним, почему это должно быть им интересно и что они должны делать дальше. Это правило работает, когда вы устраиваетесь на работу, пытаетесь привлечь бизнес-партнеров и т. п. Последнее, что вы должны делать, это начинать разговор с незнакомым человеком с неоднозначного заявления или твердить о деталях, о которых он не спрашивал.

Как отточить свой письменный голос

Голос – это то, что чаще всего ассоциируется с художественной литературой, но это так же важно и для бизнеса. Проще говоря, голос – это стиль или образ, если вам так больше нравится, того, что написано. Он не столько описывает ваше сообщение, сколько доносит его до читателя. Для делового письма это важно по двум причинам.

Во-первых, ваш голос должен соответствовать каждому аспекту письменной и любой другой коммуникации, которая представляет вашу компанию. Если на вашем сайте используются короткий и энергичный диалог, образы и идеи, это должно отображаться в любых рекламных сообщениях, PR, рекламных брошюрах или буклетах и пр. В противном случае ваше сообщение в конечном итоге будет выглядеть запутанным. Это может стать проблемой, если более одного человека пишут тексты для вашей компании либо у вас есть различные отделы, люди или агентства, работающие над разными материалами. Если это так, очень важно, чтобы все они знали голос компании, прежде чем они начнут что-то писать.

Это может привести к более серьезной проблеме, широко известной как концептуальное несоответствие, когда вам не удается следовать концепции, установленной характером или общим образом вашего бренда. Более детально мы обсуждали это в **главе 7 «Создание своего личностного профиля».**

Во-вторых, голос должен быть связан с вашими читателями, что подводит меня к следующему шагу: вы всегда должны быть в курсе того, кем является ваша аудитория.

Если вы не знаете в первую очередь, кто ваша аудитория, и не адресуете свое послание конкретно ей, все остальное – это пустая трата времени. Ваша аудитория – это люди, которые на самом деле будут читать то, что вы написали, и к ним необходимо методично обращаться путем понимания того, кто скорее всего купит ваш продукт и получит максимальную выгоду от той особой ценности, которую он предлагает. Более подробно это описано в **главе 8 «Знакомство со своей целевой аудиторией».**

Прежде чем начать писать что-либо, задайте себе три вопроса:

1. Кто будет это читать?

2. Где они будут это читать?

3. Зачем я это пишу?

Принимая во внимание эти вопросы, вы должны знать, какому типу личности адресовано данное сообщение. Если вы пишете его для исполнительных директоров и менеджеров высшего звена, вы будете использовать иные язык и стиль, чем если бы вы обращались к команде продаж. Аналогичным образом, если письмо адресовано специалистам в определенной отрасли, оно будет совершенно отличаться от письма для человека на улице. Чем лучше вы понимаете, кто они такие, как они живут и что их волнует, тем легче вам будет писать таким образом, чтобы затронуть их интересы и мотивировать их совершить действие, которое приведет к установлению отношений с вашим брендом.

Если это статья в деловом журнале, люди должны будут приложить определенное усилие, чтобы найти свободное время и прочитать ее. Если же это листовка, вложенная в этот же журнал, то вы намного быстрее донесете свое послание. В онлайн-мире существуют десятки различных сред с самым разным клиентским опытом. То, как люди обычно используют Facebook, отличается от того, как они читают посты в блоге или реагируют на рекламные баннеры. Если вы не понимаете среду, вы не сможете понять, как люди будут интерпретировать ее.

Лучше всего начать с написания для среды, с которой вы уже знакомы, и тех мест, где вы уже проводили время за чтением.

Когда вы четко поймете, зачем вы пишете, ваш ум будет сосредоточен на предполагаемом результате. Что должно произойти, когда человек закончит читать вашу статью? Если это призыв к действию и вы надеетесь, что он наберет ваш номер телефона или нажмет на определенную ссылку, все в вашей статье должно указывать читателю на это. Если вы не знаете, для чего пишете, то можете быть уверены, что ваша аудитория тоже не будет этого знать. Четко определите свои цели с самого начала и поймите, каким образом новые читатели могли бы начать отношения с вашим брендом.

Структура и ритм письма

Всякий раз, когда вы собираетесь написать что-либо, особенно объемные статьи или тексты для брошюры, веб-сайт или другие материалы, очень важно определить правильную структуру. Это перекликается с предыдущим разделом относительно осознания своих целей и своей аудитории, но более подробно развивает данную тему. Любой большой книге нужны начало, середина и конец. Это так же верно и в отношении бизнес-статей или научно-популярной литературы. Схема повествования позволяет нашему мозгу более эффективно усваивать новую информацию.

Другая точка зрения, и она, наверное, имеет больше смысла в данном контексте, заключается в том, что каждое сообщение должно иметь введение, основную часть и заключение. Их можно не выделять особо, но если вы держите эту структуру в уме при написании материала, это поможет придать вашей работе более четкий смысл.

1. Введение

Введение к чему-либо дает вам возможность объяснить, зачем вы пишете данную статью. В этой книге есть введение, которое содержит краткую историю ее создания, а также обзор того, какой именно тип людей извлечет наибольшую пользу из ее прочтения и каким образом 58 000 слов содержания изменят их жизнь. Это позволяет потенциальным читателям определиться и понять, будет ли им это интересно, чтобы начать свое долгое путешествие вместе с вами.

Введение должно рассказывать читателю, что он или она получит от прочтения следующих двух, пяти, десяти или более абзацев. Вы можете сделать это, представив проблему, с которой он уже сталкивался, и к этой же проблеме вы будете обращаться в своей статье. Такой подход имеет двойную цель – не только рассказать читателю, о чем статья, но и затронуть его личный интерес.

Будьте осторожны и не вдавайтесь на данном этапе в слишком многочисленные подробности. Введение должно лишь подогреть аппетит вашей аудитории. Вы обозначили проблему – потребность читателя. Напишите о долгосрочных последствиях, которые будет иметь эта проблема, особенно о тех, о которых он, возможно, даже не догадывается. Сделайте все возможное, чтобы затронуть основные болевые точки, связанные с ней, а также вероятные последствия игнорирования решения, которое вы собираетесь предложить. Очень часто, когда мы сталкиваемся с одной и той же проблемой на протяжении длительного времени, мы привыкаем к дискомфорту, связанному с ней, пока кто-то не напомнит нам, что вообще-то все должно быть не так. Если введение построено правильно, это мотивирует вашего читателя продолжать знакомство с вашей статьей, чтобы узнать, как вы сможете решить данную проблему.

2. Основная часть

Именно в основной части вы излагаете свою точку зрения, в первую очередь – причину написания статьи. Именно здесь вы рассказываете о своем решении проблемы, которая была определена во введении. Этот основной раздел будет составлять большую часть вашей статьи, и он должен раскрыть все упомянутые вами вопросы. Это возможность расширить темы, затронутые во введении, научить свою аудиторию чему-то очень ценному и в конечном итоге продать свои услуги, мотивируя читателя узнать больше о том, кто вы и что предлагаете.

Продажа происходит в тот момент, когда людям становится интересно, кем вы являетесь и чем занимаетесь. Единственный способ вызвать эту естественную реакцию – это говорить о том, что людей действительно волнует. Если вы сможете связать свой образ и действия с существующим интересом, вы обретете могущественную силу, которая уже присутствует в умах вашей аудитории, побуждающую их узнать больше и предпринять соответствующие шаги. Например, слоган «Официальное пиво НФЛ» нацелен и на любителей пива, и на футбольных фанатов. Это мгновенное отображение репутации через ассоциацию.

Если вы хорошо справились, затронув существующие проблемы и желания вашей целевой аудитории, для вас не составит большого труда связать их с образом вашего бренда или конкретным продуктом, который вы предлагаете. Им будет интересно узнать, кто вы, потому что вы ассоциировали себя в позитивном плане с чем-то, что частично определяет их самих. Используйте данное пространство, чтобы создать эту ассоциацию и построить мост в сознании своего читателя между тем, что они имеют, и тем, чего хотят. Именно вы и есть этот мост.

3. Заключение

После того как вы успешно представили проблему и пошли дальше, чтобы обеспечить ее ценностное решение, заключение – это ваша возможность эффектно ее завершить, не оставляя у читателя никаких сомнений относительно ценности того, что он или она только что узнали. Самый простой способ сделать это – вернуться к исходной проблеме, затронутой в самом начале статьи, а затем напомнить читателю о том, как ваш продукт поможет ее решить. Закончите подробным описанием преимуществ, которые он получит в результате решения этой проблемы таким особенным и убедительным образом, что никакое другое решение не сможет с вами сравниться.

Распространенным явлением в сфере продаж и маркетинга является «презентация для лифта». Это короткий рассказ о вашей компании или продукте, специально разработанный, чтобы предоставить достаточное количество информации в течение 30 секунд (примерно столько времени мы тратим на поездку в лифте), чтобы незнакомец захотел узнать больше о вас и затем предпринять определенные действия. Заключение вашей статьи может быть очень похоже на презентацию для лифта. В очень короткий промежуток времени вы должны подытожить исходную проблему и ее уникальное решение, которое предоставляет ваш продукт или компания.

В конце любой статьи вы также, скорее всего, найдете явные призывы к действию. Здесь вы можете прямо попросить или приказать читателю сделать что-то очень конкретное, на что ранее только намекалось или что исходит из содержания. В некоторых более крупных материалах вы увидите множество вариаций призыва к действию, разбросанных по всей странице, чтобы предоставить читателям больше шансов принять решение. Для получения наилучших результатов вы должны быть очень конкретным в ожиданиях того, что именно человек должен сделать в результате изменения в сознании, которое он испытает после прочтения вашего текста.

Ожидаете ли вы, что читатель примет решение о покупке и добавит продукт в корзину на вашем сайте прямо здесь и сейчас? Вы хотите, чтобы он дал вам свои имя и адрес электронной почты для включения в список рассылки? Вы хотите, чтобы он взял трубку телефона и позвонил вам или, быть может, посетил какое-либо мероприятие в определенное время и определенном месте? Возможно, вы просто хотите, чтобы читатели посетили ваш сайт.

К тому времени, когда вы доберетесь до конца этой книги, вы увидите, что мой призыв к действию для вас – это посетить мой сайт (www.gregorydiehl.net), где вы сможете связаться со мной, посмотреть другие мои публикации или пройти углубленный курс, основанный на содержании этой книги.

Вы заметили, как я только что вставил свой призыв к действию в середину своего повествования?

Форматирование (одежда, которую носит ваше письмо)

Подобно тому, как быть содержательной и интересной достаточно для того, чтобы очень быстро увлечь читателя (или потенциального читателя), ваша статья должна также выглядеть привлекательно. Ваш текст должен быть представлен таким образом, чтобы его было легко воспринимать.

Это, конечно, очень сильно варьируется в зависимости от предполагаемой аудитории и цели сообщения. Все, что предназначено для массовой аудитории, как правило, слишком упрощено, чтобы быть привлекательным для большого количества людей за счет потери глубины. Газеты и журналы часто предназначены для восприятия на уровне 11-го класса средней школы, чтобы не исключить кого-нибудь или не усложнить процесс прочтения статьи до самого конца.

Одна из моих собственных сложностей как писателя заключалась в том, чтобы представить мои чрезвычайно быстрые, как правило, многословные и эзотерические потоки мыслей в той форме, которая будет привлекать и просвещать моих читателей, не теряя при этом ни единого элемента смысла, который они изначально содержат. Предполагаемая аудитория этой книги – люди, не перегруженные глубоким изучением принципов, заставляющих их бизнес работать. Вам не нужно быть гением или фанатом маркетинга. Вы просто должны хотеть учиться и желать того, чтобы ваши предыдущие взгляды ставились под сомнение очень прямым и четким способом.

На самом деле тон, используемый мною с людьми, с которыми я работаю, является важной частью моего собственного уникального торгового предложения и образа бренда как тренера и педагога. Это, конечно, не то, что ищет каждый, но для определенного типа людей это может быть незаменимо. Если все сделано правильно, стиль вашего письма становится одним из основных средств, с помощью которого люди узнают ваш эмоциональный образ, а также практическую ценность, которую вы предлагаете.

Информационная перегруженность также влияет на то, как мы усваиваем информацию и на чем акцентируем свое внимание. За последние годы у нас очень существенно изменились взгляды и восприятие информации. Появление Интернета (через него мы теперь получаем гораздо больше информации, чем посредством традиционных методов) привело к тому, что люди начали даже отказываться от каких-либо письменных способов передачи сообщения, таких как плакаты и билборды.

Большой блок текста кажется устрашающим и неуместным, и только тот, кто целенаправленно искал данную статью, будет достаточно мотивирован, чтобы продолжить чтение. Форматирование имеет большое значение для того, чтобы приковать внимание людей к вашим словам на достаточно долгое время, чтобы они сели и дочитали вашу статью до конца. Форматирование включает в себя такие аспекты, как выбор шрифта, акцент с помощью выделенных жирным или курсивом фраз, нумерованных и маркированных списков, а также длины предложения или абзаца.

Думайте об этих видах форматирования как об одежде, которую носит ваше письмо. Независимо от его характера или навыков и опыта, ухоженный мужчина в хорошем костюме завоюет гораздо больше уважения, чем его аналог в мешковатых джинсах и с отросшими волосами. Если, конечно, он специально не сделал эти обычно отталкивающие элементы частью образа своего бренда, подобно тому, как многие авторы поступили со своим нетрадиционным стилем (вспомните роман Джека Керуака «В дороге»).

Текст, написанный с целью донесения определенного тезиса, следует разбить на несколько коротких абзацев. Маркированный список также является очень хорошим способом организации текста. Он делает его более привлекательным и доступным, и читатель может быстро пробежать его глазами, чтобы определить, стоит ли эта информация того, чтобы тратить больше времени на ее прочтение. Как правило, когда человек сталкивается со страницей текста, он читает заголовок, первые несколько строк, а затем просматривает остальную часть. Если он сочтет этот текст достойным своего внимания, он затем прочитает его с самого начала. Именно поэтому очень важно иметь сильное вступление.

Использование заголовков для выделения подразделов является хорошим способом организации текста, а также привлечения внимания читателя к тем его частям, где он сможет найти необходимую ему информацию. Однако умение организовать огромное количество информации – это только полдела. Учитывая введение, основную часть и заключение, примеры которых мы рассмотрели ранее, вам также необходимо решить вопрос с заголовком для введения. Например: *«Растворимый кофе должен иметь такой же вкус, как и молотый кофе»* (моя личная огромная головная боль).

Это то, что будет понятно всем членам вашей предполагаемой аудитории. Высказывание попадает прямо в точку, и без всяких предисловий читатель будет знать, о чем статья и стоит ли тратить свое время на ее прочтение. Остальная часть статьи практически пишет сама себя исходя только из названия. Читатель уже может предсказать, как последующие абзацы будут объяснять, как и почему вкус традиционного растворимого кофе ужасен по сравнению с богатым горьким букетом сваренного кофе. Он заметит, что согласно кивает чему-то, что он ранее принимал как неизбежный факт без возможности изменения.

Как только читатель достигнет этого состояния, он будет достаточно открыт к предложению попробовать новую марку растворимого кофе, которая обещает соответствовать или даже превосходить вкус молотого кофе. Если бы такой продукт с правильной и доказанной историей существовал на рынке, то я обещаю вам, что он получил бы всемирную известность всего лишь за одну ночь.

Заголовок основной части статьи будет хорошим способом представить ваш продукт или услугу, в то время как заголовок заключения может содержать информацию о преимуществах использования продукта. Это может быть и сам призыв к действию, например: *«Начните свое утро с нашего растворимого кофе и почувствуйте разницу»*.

И, наконец, очень мощным способом донести свои аргументы является использование реальных примеров из жизни. Вам не нужно называть конкретные имена – только информация, относящаяся к первоначальной задаче, решение, которое вы в состоянии обеспечить, а затем – статистика, неопровержимые факты и данные о полученных результатах, которые делают все более осязаемым. Это переносит ваш продукт в сознании читателя из некой схемы на чертежной доске во что-то материальное, чтобы клиент или потенциальный покупатель могли соотнести его с собой.

Еще не запутались? Все указания, представленные здесь, должны быть использованы в правильное время и в правильном месте. Они предназначены, чтобы помочь *большинству* людей в *большинстве* ситуаций. Конечно, из каждого правила существуют исключения, и только опытным путем и благодаря изучению как себя, так и своего рынка вы найдете уникальное сочетание различных аспектов написания текстов, которое будет оптимальным именно для вас. Первым и самым важным правилом для каждого элемента образа бренда является знание себя.

Глава 12
Как обучить свою аудиторию

Чем больше значения вы вкладываете в свой бизнес, тем труднее становится рассказать о нем миру. Сложная идея или глубокая идеология не может быть донесена массам точно так же, как сексуальная модель не может съесть чизбургер. Вы можете публиковать восторженные заявления в своем Twitter с изображением котенка на заднем плане, но какая от этого будет польза для вашего бизнеса? Большинство предпринимателей, которые используют этот подход, делают это, потому что им необходимо чувство, будто они хоть что-то сделали, а также потому, что они не знают другого пути.

Обучающий маркетинг является подходом с высоким коэффициентом трения. Его главная цель – получить поддержку у определенной аудитории. Он включает производство контента, который имеет очень плотную информационную ценность и уже сам по себе обеспечивает читателей подтверждением концепций, стоящих за вашим бизнесом. Этот подход приближает маркетинг к реальной жизни и отдаляет его от мультяшных образов наиболее популярных рекламных кампаний. Обучающий маркетинг – это то, как реальные компании представляют свое предложение миру.

Не всегда сразу становится очевидно, как вы можете превратить свой бизнес в убедительный образовательный контент. Необходимо доскональное внимание, чтобы обнаружить, в изучении чего ваша аудитория наиболее заинтересована, и затем постепенно выстраивать свой голос, с помощью которого вы сможете донести эту важную информацию. Само по себе обучение – это навык, который следует приобретать посредством внимания и повторения, независимо от того, насколько хорошо вы понимаете свой предмет или каковы ваши технические познания в определенной области. Если перефразировать старую поговорку: «Тот, кто делает, не обязательно умеет учить».

Обучение заключается в объяснении сложных понятий простыми терминами. Сила обучающего маркетинга, заключающаяся в привлечении всеобщего внимания в рамках целевой группы потенциальных клиентов, огромна. Для некоторых видов бизнеса это почти единственный вид маркетинга, который имеет какое-либо реальное влияние на количество платежеспособных клиентов, которых вы привлекаете с каждым новым предложением. Однако привлечения чьего-либо внимания с помощью поверхностного контента недостаточно для завершения сделки, и вам необходимо быть достаточно смелым и думать более зрело, чем 99% других ребят, которые борются за внимание на рынке.

Независимо от того, какой физический компонент включает ваш бизнес, всегда существует пространство для расширения через обучение. Самое главное, что процесс обучения можно совершенствовать бесконечно и он не ограничен рамками физического производства и реализации при условии, что вы используете цифровые методы обучения.

Метод «старой школы» принудительных продаж

Метод «старой школы» продаж основан на выявлении весьма специфического удовольствия или болевых точек в жизни потенциального клиента и усилении их до крайности. Если ваша цель – это молодой человек 20 лет в поисках девушки, наиболее эффективным подходом будет взять первоначальное несчастье, которое он испытывает из-за одиночества, и «раздувать» его до тех пор, пока он не начнет чувствовать всепоглощающий страх остаться одиноким до конца своей жизни и быть вечным неудачником в глазах своих сверстников.

Все мы видели преувеличенно драматические сюжеты в рекламных роликах, где актеры изображают обычных людей с незначительными проблемами, которые внезапно рушат всю их жизнь. Не можете укрыться одеялом без использования рук? О, человечество! Вот идеальное решение! Не можете приготовить простую еду, не перепачкав при этом всю вашу кухню? Будьте уверены, существует решение и этой проблемы!

С другой стороны, продавец «старой школы» хочет заставить вас поверить, что ваша жизнь станет бесконечно удивительнее и лучше, чем вы когда-либо могли себе представить, как только вы купите его продукт. Вы были одиноки и никому не нужны, пока не приобрели его методику соблазнения, а теперь вы ежедневно испытываете состояние блаженства и нирваны, так как женщины готовы бороться за вас, как только вы выходите из дома. Мужчины во всем мире завидуют вам. Вы наконец взломали код к безграничному счастью, и для этого вам потребовалось сделать всего три простых выплаты в размере $199,95.

Семейный ужин никогда не будет прежним, как только вы добавите новейшую 400-ю кухонную принадлежность в ящик своего стола. У вас наконец будет идеальная и счастливая семья и вы почувствуете себя состоявшейся хозяйкой, но только если оформите заказ в течение следующих 10 минут. Спешите, пока это предложение не удалили из Интернета!

Эти преувеличенные истории предназначены для того, чтобы заставить вас испытывать сильные эмоции, но в течение короткого промежутка времени и в этот момент принять решение потратить крупную сумму денег на что-то, о чем вы ранее даже не задумывались. Последнее, чего от вас хочет маркетолог «старой школы», — это рационально проанализировать, заслуживает ли его продукт значительного места в вашей жизни и оправдает ли он ваши вложения денег и времени в ближайшем будущем.

Эти продукты не являются обманом. Большинство из них действительно выполняет функцию, заявленную в рекламных объявлениях или длинных описательных текстах. Их польза просто преувеличена с помощью художественной вольности, а их правдивые полезные свойства растянуты до предела. Их цель — избавить вас от аналитических размышлений и запереть в состоянии эмоционального принятия решений. Действуйте сейчас — задавайте вопросы потом.

Хотя эти тактики принудительных продаж на грани фола могут привести к результату, их потенциал ограничен. Лучше всего они работают с очень простыми предложениями ценности, которые могут быть представлены с помощью основного эмоционального состояния в течение нескольких минут или даже меньше. Они направлены на ленивых людей, которые не сильно задумываются во время принятия решения о покупке и не ищут лучший способ решения своих проблем. И дело не только в цене, так как даже товары стоимостью в несколько десятков тысяч долларов, такие как автомобили, продаются с использованием этого эмоционального метода «старой школы». Все дело в том, насколько сильно изменится жизнь человека, если он решит купить ваш продукт.

Чем больше вы дифференцированы от своих конкурентов и «мейнстримовых» версий продуктов, которые вы предлагаете, тем больше времени у   потенциального покупателя уйдет на размышления о том, предлагаете ли вы ему наилучшее для него решение. И хотя еще больше усилий может потребоваться в самом начале, просто чтобы убедить его стать вашим клиентом, это те же люди, которые могут стать вашими самыми преданными поклонниками с беспрецедентной лояльностью по отношению к вашему бренду. Если они довольны предлагаемым вами обслуживанием, им и в голову не придет воспользоваться альтернативой, которая будет хотя бы приближена к определенному типу и уровню удовлетворенности, которую создает для них ваша компания.

Можете ли вы вспомнить какие-либо товары или услуги из вашей собственной жизни, к которым это относится? Есть ли марка шоколада, которую вы предпочитаете всем остальным? Существует ли модель акустической фолк-гитары, создающая особую гармонию с вашими стилем игры и голосом, с которой не сравнится ни одна другая гитара на рынке? Есть ли у вас любимый парикмахер, который понимает ваши тип внешности и стиль лучше, чем все простые смертные, лишь маскирующиеся под профессионалов?

Если у вас есть эта особая связь с любым товаром, услугой или брендом, то вы уже знаете, что заплатили бы во много раз больше, чем это стоит в среднем, чтобы получить результаты, которые только ваш личный фаворит может обеспечить. Именно так формируются прочные отношения с клиентом, и они должны быть достаточно крепкими, чтобы преодолеть любые кратковременные эмоциональные всплески. Они должны противостоять жесточайшему аналитическому контролю в сознании вашего покупателя.

Одним словом, чем труднее заслужить доверие клиентов, тем лояльнее они будут по отношению к вам, несмотря ни на что. Они будут прощать мелкие ошибки и несоответствия. Они будут готовы платить больше денег за большую ценность вашего продукта. Они также будут естественным образом распространять информацию о вашем бренде с помощью WOM-маркетинга, или сарафанного маркетинга – средства коммуникации, которое невозможно воссоздать, независимо от маркетингового бюджета.

Обучение вашей аудитории

Для того чтобы сугубо индивидуальный подход к продаже работал, ваша аудитория должна понимать, чего она хочет. Часть вашей работы заключается в том, чтобы помочь ей понять это. Это тот обучающий элемент продаж, который игнорирует так много людей, верящих в концепцию «кофе пьет только тот, кто его продает». Они полагают, что их работа заключается в том, чтобы заставить кого-то принять решение о покупке как можно быстрее либо прекратить разговор и перейти к следующему потенциальному клиенту.

Существует время и место для жесткого подхода к продажам. Наиболее подходящим, как правило, является момент, когда потенциальный клиент уже получил всю информацию, необходимую для озвучивания решения о покупке, но его сдерживает лишь эмоциональная неуверенность. То есть это тот момент, когда обрезание на корню может помочь другим людям понять самих себя и принять правильное решение. Если вы еще не заложили основу для принятия озвученного решения о покупке, подталкивание неопределившегося клиента к трате денег только сделает вас невежей, заинтересованным исключительно в увеличении собственной прибыли за счет других.

Ваша целевая аудитория может подходить к процессу покупки, думая, что она уже знает, чего хочет, основываясь на общедоступной информации. Может быть, другие базовые продукты предлагают достаточно подходящее решение, чтобы люди перестали искать что-то лучшее. Они не задают активно вопросы, на которые у вас уже заготовлены самые убедительные ответы. В этой ситуации никто не услышит даже самую ценную и многообещающую информацию в мире. Как вы пробудите любопытство у группы людей, у которых нет никаких причин знать о вашем существовании?

Одна из причин, почему я был превосходным педагогом даже для детей с большими трудностями в изучении предмета, заключается в том, что я вызывал интерес у всех своих учеников к тому, чему я пытался их научить. Я понял, что необходима эмоциональная вовлеченность, прежде чем они будут готовы приложить какие-либо умственные усилия, необходимые для того, чтобы изменить свое понимание чего-то. Изменение идей – это тяжелая работа, и с возрастом она становится все тяжелее. Только людям, которые хотят найти новые идеи, удается успешно их усвоить.

Именно эта часть процесса продаж так хорошо удается о продавцам «старой школы». Они предоставляют вам быстрый и значимый довод обратить внимание на то, что они собираются сказать. Вы сможете выделиться, если превратите эту заинтересованность в убедительный урок о том, почему ваша целевая аудитория не полностью удовлетворена в той сфере, которую вы обслуживаете. Вы поможете людям увидеть, что в жизни существуют и другие варианты, но только если они будут знать, как извлечь пользу из имеющегося предложения. Только после того, как вы нарисуете очень четкую картину того, в чем заключается проблема, и опишете ее возможное положительное решение, вы сможете хотя бы рассмотреть вариант рекламы вашей продукции.

Если вы будете представлять только свой продукт, очень немногие смогут получить необходимую информацию, чтобы увидеть его уникальную ценность лично для себя.

B2B против B2C

Коммуникация посредством нового образа вашего бренда не будет ограничиваться только потребителями. По мере роста вашего бизнеса он станет стратегически выгодным, а то и вообще необходимым, для сотрудничества с другими компаниями и даже потенциальными инвесторами. Организации, с которыми вы работаете, могут быть в той же рыночной нише, что и вы, или же в другой, которая косвенно связана с вами. Они даже могут быть теми, кого вы ранее считали своими ближайшими конкурентами. Если вы сможете убедить их увидеть конкретную ценность, которую предоставляет ваш бренд, у вас всегда будет возможность взаимовыгодного партнерства. По этой причине вы должны уметь разговаривать с другими бизнесменами.

Основное различие между взаимодействиями В2В (бизнес для бизнеса) и В2С (бизнес для потребителя) заключается в том, что потребителям нужен сам продукт, в то время как потенциальные партнеры хотят или заработать, или сэкономить деньги благодаря вашему продукту. Успех их собственного бизнеса будет для них всегда на первом месте. Чтобы быть успешным в переговорах с ними, вам нужно будет позиционировать свою собственную организацию как ключ к минимизации потерь, увеличению доходов или повышению их эффективности любым другим способом.

В то время как обе категории используют подход к вашему предложению «какая в этом польза для меня» (они, как и все люди, постоянно стремятся увеличить свое собственное счастье), вам нужно будет внести существенные изменения в свою коммуникативную стратегию. Компании заинтересованы в качественных товарах и услугах, которые будут удовлетворять их клиентов и улучшат их положение в обществе. Если они решат продвигать ваш бренд или захотят, чтобы вы продвигали их бренд, им совсем не нужны будут жалобы клиентов на то, что ваша продукция не соответствует ожидаемым стандартам качества. Они должны быть уверены, что вы предоставите им то, что будет способствовать улучшению их репутации и уменьшит стресс от ведения бизнеса.

Компании потратили много времени и усилий на рационализацию процесса совершения покупки, чтобы сократить затраты времени и средств. Вот почему B2B-закупки больше логически, а не эмоционально обоснованы. Если вы хотите, чтобы ваше изделие было размещено на полках местного розничного магазина, человек, принимающий решение о заказе, должен определить, подходит ли ваш продукт или услуга для их бизнеса и потребительской базы. Им не нужно принимать во внимание, соответствует ли ваша продукция их компании эстетически и эмоционально, потому что есть рыночные данные, которые обосновывают принимаемое решение.

B2B-маркетинг призван сообщить закупщику, как ваш продукт может помочь его клиентам или развлечь их. Речь идет о реализации не только продукта, но и идеи или эмоции, которая за ним стоит. Информация, которую вы предоставите своему партнеру, позволит ему быть уверенным в вас. Для B2B-маркетинга очень важны уверенность и убежденность, когда речь заходит о продукте. Чтобы другая компания захотела работать с вами, вы должны обеспечить соответствующий уровень доверия.

Сети супермаркетов заполнены чужой продукцией. И хотя наиболее крупные из них имеют свои собственные линии производства, значительная часть товаров поставляется другими предприятиями. Последние также нацелены непосредственно на потребителя, но ожидают, что клиенты пойдут к «посреднику» – в супермаркет – для их приобретения. Производители, поставляющие свою продукцию в супермаркеты, уверены, что если их линия представлена там, где сотни людей совершают покупки, это является преимуществом. Даже если их товар находится рядом с продукцией конкурентов, он все равно заметен.

Отсутствие необходимости открывать свои собственные магазины или создавать маркетинг для потенциальных клиентов экономит производителю много денег. Как потребители мы полагаем, что было бы странно иметь отдельные магазины для многих продуктовых линеек, которые представлены в супермаркетах. Можете ли вы представить себе магазин туалетной бумаги или магазин, который продает только молоко или зубные щетки? Супермаркеты презентуют продукцию потенциальным покупателям, используя множество различных методов для достижения максимальных результатов. Они могут снизить стоимость, сделать специальный стенд или расположить продукт в определенном месте, где он будет привлекать больше внимания.

Здесь возникает сложный уровень доверия. У супермаркетов нет времени, чтобы тестировать и проверять продукты, а поставщики должны верить, что к их продукции будет такое же беспристрастное отношение, как и ко всей остальной. В любом случае, потребитель выходит из этой ситуации победителем. Он всегда может испробовать продукт и выбрать для себя определенный магазин.

Когда вы пытаетесь убедить этих посредников использовать ограниченное место на их полках для демонстрации вашей линейки продуктов, а не ваших конкурентов, вам необходимо вернуться к ментальности обучающих продаж, которую вы используете с потребителями. Единственное отличие состоит в проблемах, с которыми вы будете обращаться, и в знании неизвестных возможностей, о которых вы будете рассказывать.

Если вы разговариваете с потребителями, вы хотите знать, с какими проблемами они сталкиваются. Эти проблемы должны иметь отношение к использованию вашего продукта. Как владелец бизнеса вы должны будете объяснить, как ваша продукция, если позволить ей занять это ценное место на полке, обеспечит магазину более высокий доход за счет повторных сделок и лояльности к бренду.

Будет ли это единственный магазин в городе, который предлагает ваш конечный продукт, принуждая ваших уже существующих клиентов совершать покупки именно здесь, если им нужна ваша продукция? Или, с другой стороны, будет ли магазин идти на риск, позволяя какому-то неизвестному, непроверенному новичку конкурировать с уже проверенными продавцами? Чем лучше вы понимаете бизнес-модель объекта розничной торговли и его существующую клиентскую базу, тем более убедительно вы сможете построить свое предложение.

В этом смысле B2B-маркетинг является концепцией более высокого уровня, чем B2C-маркетинг. Продажа потребителю заключается в создании и удовлетворении спроса. При продаже другому бизнесу необходимо доказать, что спрос существует и вы в состоянии его удовлетворить. Что-то одно должно быть в приоритете, если только вы не работаете с кем-то, кто готов взять на себя риск, имея дело с непроверенным продуктом.

Предложения для инвесторов, привлекающие партнеров и капитал

Если вы когда-нибудь обратитесь к инвестору, готовому вложить часть своего капитала в ваш бизнес, будут действовать аналогичные правила. Вы должны изменить свой стандартный подход к продажам, чтобы предлагать решение конкретных проблем человеку, который может рисковать большим количеством денег в вашем предприятии. Наилучшим подходом к инвестору будет рассказать свою историю таким образом, чтобы он был уверен, что успешный результат его инвестиций неизбежен. Ваша компания – герой, и вы приглашаете других присоединиться к вам на вашем пути. Как и любая другая разновидность рекламы, это предложение должно быть достаточно понятным, обучающим и честно описывать реалистичные препятствия и способы их преодоления, прежде чем они станут серьезными проблемами.

При разработке своего маркетингового хода для инвестора вам придется создать прочную и убедительную историю о том, что вы продаете или продвигаете. Качество продукта, затраты на его производство, а также его маркетинговые потребности – это важные факторы, которые мудрые люди обдумывают, прежде чем отдавать свои с трудом заработанные деньги. Вы должны быть в состоянии показать, что ваш бренд обладает уникальной индивидуальностью, которая выделяет его среди прочих конкурентов в вашей нише. Инвесторы должны видеть, что у вас есть твердый и четкий план по объединению своей уникальности с тем, что необходимо данному сектору рынка.

Всегда будут существовать сферы, где ваш бизнес может наткнуться на серьезные препятствия или даже потерпеть неудачу. Вы должны превентивно преодолеть эти преграды в сознании инвесторов, прежде чем они смогут стать причиной значительных сомнений. Инвесторы захотят узнать, как вы планируете с ними работать. Какими страхующими инструментами и стратегиями вы обладаете? Кто будет нести ответственность, если дела не пойдут в соответствии с вашими прогнозами? Какими гарантиями вы должны обладать, чтобы защитить свой бизнес от полного разрушения?

Поэтому, когда вы обращаетесь к инвесторам, неплохо было бы проверить все детали вашего предложения. Кроме того, что вы будете чувствовать себя более уверенно, инвесторы также будут видеть, что вы постарались предусмотреть все сложности и преграды, находящиеся в вашей власти. Ничто не является более привлекательным объектом для инвестиций, чем автомобиль с заранее проложенной дорогой, которому нужно лишь немного бензина, чтобы начать свой путь к победе.

РАЗДЕЛ IV

ПРАКТИЧЕСКИЕ ПРИМЕРЫ ИСПОЛЬЗОВАНИЯ ОБРАЗА БРЕНДА

Для того чтобы помочь вам лучше понять, как принципы обновленного образа бренда и улучшенной коммуникации могут преобразить ваш бизнес, я бы хотел дать вам возможность услышать истории о переменах непосредственно из уст других предпринимателей. Каждый из следующих пяти примеров включает в себя рассказы талантливых людей с различным опытом, которые показали впечатляющий прогресс во время нашей совместной работы. Я поддерживаю связь с каждым из них; мы регулярно общаемся, и меня вдохновляет их рост с момента нашей самой первой встречи.

Каждый пример начинается с краткого введения, где я объясняю контекст наших рабочих отношений и исходную точку, откуда владелец бизнеса начал свой путь. В нем изложены основные препятствия, с которыми им пришлось столкнуться, независимо от того, какого успеха они уже достигли на сегодняшний день.

Марица Павалама всеми силами старалась сделать себе положительное имя в индустрии с неоднозначной репутацией. Лаура МакГрегор намеревалась донести информацию о своей предстоящей B2B-платформе как до покупателей, так и до продавцов. Крис Рейнольдс не понимал, как сделать гуманитарные проекты, которые он организовывал в свое свободное время, достаточно привлекательными, чтобы обеспечить их финансовую стабильность. Нидра Габриэль использовала один и тот же метод презентации для лифта более 30 лет, и ей необходим был абсолютно новый взгляд на то, как донести свое предложение ценности до незнакомцев. Оливье Вагнер не хотел связывать свои собственные лицо и индивидуальность со своим аналитическим подходом к предоставлению экспертных услуг.

Некоторые из них просто экспериментировали с новыми идеями. Кто-то уже добился впечатляющего финансового успеха с помощью своих прошлых стратегий. Но всех их объединяет то, что они не могли использовать весь свой потенциал из-за неспособности полностью осознать свой образ и выстроить идеальный способ коммуникации.

После каждого введения к практическому примеру вы услышите непосредственно из уст предпринимателей, что именно они делали, чтобы решить свои проблемы, и что в результате изменилось для их бизнеса. Несмотря на то что их рассказы существенно отличаются друг от друга, уроки, которые они вынесли из своего опыта, являются универсальными. Ищите общие элементы и постарайтесь найти то, что вы можете применить в своей собственной жизни сейчас или в будущем.

Если вы хотите увидеть результаты применения этими людьми новых знаний на практике, больше вы можете узнать, пройдя онлайн-курс «Революция бренда» (где тренером выступает ваш покорный слуга) по ссылке www.brandidentitybreakthrough.com/course.

Практический пример № 1

Подготовка двусторонней торговой биржи к запуску

Лаура МакГрегор, соучредитель Commission Crowd

Commission Crowd — это интегрированная платформа для соединения агентов по продажам с компаниями, готовыми их нанять, а также для более простого управления их рабочими отношениями. Если вы агент по продажам в поисках лучших возможностей для презентации новых продуктов или компания, которая ищет команду продаж, ориентированную на результат, вы можете узнать больше об этой первой в своем роде платформе на www.commissioncrowd.com.

Введение

Лаура МакГрегор столкнулась с проблемой, о которой знают все амбициозные предприниматели в мире. Она и соучредители ее компании поставили перед собой весьма далекоидущие цели и вдруг поняли, что им понадобится очень тщательно разработать тактику и весьма специфическую систему обмена сообщениями, чтобы осуществить ее.

Миссия Commission Crowd заключалась в том, чтобы функционировать в качестве платформы по поиску и предоставлению работы, так и полноценной серверной системы для управления отношениями между менеджерами по продажам и компаниями. Помимо технических сложностей объединения всего этого на одной платформе у Лауры была и другая проблема, знакомая всем компаниям, чья работа заключается в объединении людей разных типов. Она должна была научиться одновременно доносить огромную ценность, которую предлагала Commission Crowd, двум различным группам людей с совершенно разными целями.

Вполне возможно, что вы очень хорошо знакомы с подобной дилеммой. Если вы работаете и с продавцами, и с покупателями, то вы, вероятно, не захотите говорить с ними одним и тем же способом, потому что их цели различны. В подобных ситуациях вам не стоит полностью отказываться от индивидуализированных подходов к коммуникации. Вам нужна настолько сильная стратегия обмена сообщениями, чтобы она совершенно точно доносила вашу ценность абсолютно всем вашим потенциальным клиентам и они смогли бы легко идентифицировать себя как часть вашей целевой аудитории. Это потребует немного больше планирования и тонкости подхода, но, если все будет сделано правильно, результаты не заставят себя ждать.

Научившись определять, когда стоит объединять, а когда разделять сообщения, Лаура смогла создать внушительный список зарегистрированных пользователей с обеих сторон задолго до запуска сервиса, убедившись, что на сайте будет процветающее сообщество с самого первого дня и ни одна из сторон не почувствует себя обделенной. Теперь, когда этот важнейший первый этап запуска был выполнен с триумфом, Лаура и ее команда могли спокойно смотреть в будущее и думать об увеличении своего первоначального успеха.

- К скольким типам клиентов вам нужно обратиться с информацией о ваших услугах? Можно ли сделать ваше сообщение единым для всех?

- Как вы доносите свое подтверждение концепции через тезисы о вашей компании, чтобы потенциальные клиенты готовы были выбрать вас даже до того, как продукт будет готов?

- Что вы можете сделать для поддержания интереса у вашей аудитории задолго до того, как ваш продукт появится в продаже? Что является вашим ключевым тезисом и минимально жизнеспособным продуктом?

Кейс Лауры МакГрегор

«Commission Crowd – это торговая биржа, которая соединяет агентов по продажам, работающих за комиссионные, с компаниями, которые хотят сотрудничать с ними. Она позволяет вам, к примеру, связаться с агентом или компанией, а затем предоставляет инструменты, чтобы как можно лучше управлять этими отношениями.

Для нас наибольшей сложностью было то, что мы создавали двустороннюю торговую биржу, а это значило, что мы должны будем дважды проговаривать все, что мы делали. Таким образом, нам нужно было бы делать отдельную рассылку для каждой группы, а затем создавать универсальное сообщение для обеих сторон. Поэтому после того, как потенциальный клиент посетит наш сайт, он должен соотнести себя с ним, а затем понять, чем мы занимаемся, чтобы увидеть, к какой части уравнения он подходит.

В результате достаточно долгих размышлений мы смогли сказать: "Хорошо, эти особенности и преимущества получат обе стороны торговой биржи", – но нам было крайне необходимо упростить рабочий процесс и рассылку, чтобы они сказали: "Отлично, а что это значит для каждой стороны в отдельности и для всех людей в целом?"

Год назад мы точно знали, что собираемся создать. Мы понимали функциональные возможности каждой из сторон биржи, но не до конца понимали, как следует строить с ними коммуникацию. Тогда мы также решили задействовать VIP-стратегию предварительного запуска. Таким образом, нам необходима была помощь в донесении потенциальным клиентам всех преимуществ раннего присоединения к нашей бирже. В конце концов, мы пытались сделать своего рода революцию в своей индустрии.

Сегодня множество решений, которые существуют в рамках оплаченного производства для последующей продажи, очень устарело, и поэтому мы также пытаемся внедрить в то, что делаем, определенный уровень обучения. Именно это и усложняет нашу задачу, так как иногда люди просто не знают, что такого рода решение также может им помочь. Наша самая большая трудность заключалась в том, чтобы сделать наш сервис как можно более обширным, но в то же время обучающим и понятным. Компании должны были как можно лучше осознать, чем Commission Crowd может помочь их бизнесу».

Универсальное обращение к обоим рынкам

«Теперь мы гораздо лучше понимаем, какое принципиальное сообщение должны отправлять своей аудитории. Мы хотим постоянно подвергать его проверкам, и сейчас мы заканчиваем обновленный вариант нашего сайта. Мы всегда стремимся добавить больше ясности, но хотим еще и протестировать наше послание. Очень важно не просто сказать о чем-то определенном единожды. Все дело в главной сути маркетинга – тестировании. Что лучше всего подходит для вашей цели? На самом деле нас не волнует, что мы говорим, до тех пор, пока люди, которые слышат наши слова, полагаются на них и могут быстро предпринять какое-либо действие.

Я считаю феноменальным достижением нашей компании то, что мы действительно смогли запустить наш продукт среди абсолютно удовлетворенного сообщества только благодаря ясности, с которой нам удалось донести свое послание людям. На основе нашей стратегии коммуникации мы смогли получить 103 реальные платные компании-подписчика при запуске сервиса. Получение дохода без самого продукта – это просто сенсация, если только вы можете понять это. Это действительно говорит о силе нашей информационной политики.

При этом некоторые агенты по продажам ждали целый год, прежде чем смогли присоединиться к нашему сервису. Наша информационная стратегия помогла привлечь 465 агентов по продажам, которые также зарегистрировались в системе в момент ее запуска. Так, в первый день у нас уже было действительно большое стартовое сообщество, включавшее 5 агентов на компанию. Мы обнаружили, что благодаря этому огромному стартовому заделу мы росли намного быстрее всех других стартапов. Большинство предпринимателей очень сильно переживает на самых ранних стадиях запуска своего проекта, будет ли у них достаточно клиентов, чтобы доказать, что их идея имеет право на жизнь. А у нас уже было доказательство нашей жизнеспособности на рынке.

Это было так важно для нас, потому что без этого немедленного подтверждения нам было бы слишком сложно запустить такой сайт, ведь существует достаточно много двусторонних торговых бирж. Мы не могли бы стартовать, если бы почва не была изучена заранее – в противном случае предложение и спрос не соответствовали бы нашим ожиданиям, и мы вынуждены были бы ретироваться. Нам нужно было убедиться, что, когда появится спрос, нам будет что предложить. Основная цель обращения к нам – это поиск агентов по продажам, но именно дополнительная функциональность, которая позволяет компаниям управлять своими торговыми агентами, задержит пользователя на нашем сервисе.

Когда клиенты обращаются к Commission Crowd, они точно знают, что им необходимо связаться с агентом по продажам, так что им не нужно об этом дополнительно говорить. Обучающий фактор заключается в дополнительном беспокойстве из-за того, о чем они первоначально и не задумывались, так как никогда не существовало готового решения, помогающего в управлении командой продаж. В их бизнесе существует много проблемных моментов. Они просто не думают о них с точки зрения их технологического решения, потому что у них есть обходные пути решения данного вопроса. Такие компании находят временный выход из ситуации, что позволяет им вести дальнейшие дела, но у них нет целостного решения, которое облегчило бы весь этот процесс. Нам пришлось научиться вести разговор таким образом, как никто другой до нас.

Они все поймут, стоит вам только спросить: "Сталкивались ли вы когда-либо с трудностями в управлении пятью агентами по продажам одновременно и понимании их уровня обучения и знаний всех процессов в вашей компании?" Они знают, что на данный момент у них есть презентация в PowerPoint и девушка, которая проверяет ее каждое утро. Они передают эту работу от человека к человеку, что является настоящим кошмаром, но не верят, что для их ситуации существует лучшее решение».

Фантастический запуск для надежного будущего

«После того как мы осуществили такой успешный предварительный запуск и начальную фазу самого запуска, наш следующий шаг заключается в том, чтобы как можно быстрее наладить соответствие между продуктом и рынком. Для нас это по меньшей мере 40% нашей базы пользователей, утверждающих, что они абсолютно влюблены в наш продукт и не могут жить без него. Как только мы этого достигнем, мы хотели бы запустить бета-версию нашего сервиса, а затем очень быстро ее расширить, потому что, как только сервис выйдет в мир, у нас на хвосте будут конкуренты. Мы стремимся провести революцию в индустрии комиссионных продаж.

Самая большая сложность заключалась в том, что подобной технологии просто не существовало. Самой отрасли уже более 100 лет, поэтому производство за деньги не новая идея. Очень многие компании не считают себя хорошими кандидатами для торговых агентов, работающих за комиссионные, тогда как на самом деле любой бизнес может потенциально подходить для такого сотрудничества до тех пор, пока вы знаете, что у вас есть хороший продукт, отменная репутация и ваше имя на слуху.

Это создает реальную возможность для любого агента заработать деньги, и я имею в виду, что вам не нужно просто продавать электронные книги за $9,99. Конечно, существует некий измеряемый доход, который вы можете получить от продажи книг, но наша работа заключается в том, чтобы вывести образовательную часть на все рынки, чтобы каждый владелец бизнеса и каждая компания, большая или маленькая, с действительно хорошей идеей, отличным продуктом и хорошей репутацией могли получить реальную возможность использовать Commission Crowd.

И в результате мы сталкиваемся с другой стороной проблемы, которая заключается в том, что индустрия комиссионных продаж невероятно фрагментирована с точки зрения агентов. На протяжении более 100 лет люди определяли себя совершенно по-разному. Существуют компании, производящие продукцию. Существуют коммерческие агентства. Существуют независимые агентства. Существуют агенты-фрилансеры. Я могу предоставить вам список из почти 73 различных названий должностей, все из которых по существу означают "плату за результат", и поэтому на самом деле очень важно дать понять всем этим людям, что для них существует универсальное решение и оно бесплатно для агентов по продажам.

Мы хотим, чтобы они могли выполнять свою работу лучше, быстрее и проще, что существенно сэкономит время для налаживания более эффективных отношений с руководством компании. Часто случается, что агенты по продажам работают с несколькими компаниями одновременно. Представьте, что вы торговый агент и представляете шесть различных компаний, каждую из которых вы должны оповещать о своей деятельности и новостях, используя отдельный канал информации. Таким образом, всякий раз, когда вы звоните кому-либо, вы сообщаете новую информацию, и каждый раз, когда вы отчитываетесь перед своим руководством, вы отнимаете время у своих продаж.

В сущности, Commission Crowd представляет собой интегрированную CRM-систему. У компании есть своя CRM, а у агента по продажам – своя, и при их подключении они могут легко координировать свои действия. Каждый раз, когда вы создаете лид от имени компании, на которую работаете, руководитель этой компании получает оповещение, и благодаря этому у него больше нет необходимости контролировать каждый шаг своей удаленной команды по продажам и вникать в детали, потому что теперь он обладает информацией, которая ему действительно необходима.

Они точно знают, как работает их агент. Что это значит с точки зрения прогнозирования успеха моего бизнеса? Как на самом деле выглядит мой канал продаж? Они могут спокойно заняться управлением своим бизнесом, а их торговые агенты – сосредоточиться на продажах».

Практический пример № 2

Как превратить благотворительный проект в движение, приносящее прибыль

Крис Рейнольдс, основатель сайта «Единственный эффект»

Крис Рейнольдс – это цифровой странник, который создает пространства для совместного проживания в экзотических местах по всему миру для независимых предпринимателей, а также организовывает увлекательные благотворительные туры, которые приносят пользу всем их участникам. Вы можете узнать больше о его путешествиях ради спасения мира на www.theoneeffect.com, а также о других его проектах на www.theentrepreneurhouse.com.

Введение

Какой предприниматель иногда не задавался вопросом, что необходимо предпринять для превращения своей филантропической страсти в действующую бизнес-модель? Очень часто мы вынуждены сталкиваться с ложной дихотомией выбора сделать что-то ради любви или денег, но никогда ради того и другого. Большинству людей достаточно трудно понять, как заработать деньги, делая вообще что-либо, не говоря уже о какой-то одной вещи, которая лучше всего подходит персонально им.

Крис Рейнольдс – парень, который отказался делать выбор между страстью и прибылью. Он уже оказался далеко впереди остальных людей, потому что знал, каким образом он хочет изменить мир. Он ни минуты не сидел сложа руки, ожидая, чтобы обстоятельства сложились таким образом, чтобы он сразу мог действовать. Он уже организовывал свои первые благотворительные поездки для помощи нуждающимся за годы до того, как создать надлежащую бизнес-модель или хотя бы бренд.

Когда мы начали сотрудничать, все посаженные им семена, все маленькие крупицы и фрагменты, выпущенные в мир, начали складываться вместе, чтобы сформировать осмысленную картину будущего. Иногда это так же просто, как научиться смотреть на свои действия с новой точки зрения. Хорошая история – это не просто элементы, из которых она состоит, это умение соединить их таким образом, чтобы ваша аудитория мгновенно заинтересовалась происходящим.

Сейчас Крис занят не только организацией поездок в такие экзотические страны, как Индия, Гана и Перу, чтобы помочь нуждающимся, он также вкладывает свою страсть в проект под названием «Дом предпринимателя», где странствующие предприниматели-единомышленники живут вместе в течение нескольких месяцев во время различных путешествий. Вместо того чтобы просто делать добро при малейшей возможности, он стал успешным предпринимателем с четким видением будущего.

Когда вы будете читать рассказ Криса, старайтесь думать о том, как вы можете применить его опыт к своему собственному бизнесу (не важно, работаете вы в подобной некоммерческой организации или ваш проект просто является вашей страстью). Для достижения наибольшего эффекта задайте себе следующие вопросы:

- Почему вы считаете, что ваш проект должен оставаться некоммерческим? Испортит ли вашу миссию переход к прибыльной модели или же, наоборот, улучшит ее?

- Какую наибольшую ценность вы предоставляете своим клиентам и инвесторам помимо нематериального удовлетворения от вклада в благое дело? Может быть, существует интуитивный и более специфический способ, с помощью которого вы сможете осуществить свою миссию?

- Сколько своих хобби и увлекательных проектов вы не решались превратить в реальные, доходные предприятия? Что удерживает вас от действия?

Кейс Криса Рейнольдса

«Меня зовут Крис Рейнольдс. Я управляю веб-сайтом под названием "Единственный эффект" – "Одна вещь может изменить все". Я цифровой странник, путешественник, предприниматель и просто человек, помогающий другим.

Еще в 2009 году я прочитал книгу "Четырехчасовая рабочая неделя" Тима Ферриса. До этого я уже основал пару компаний. Основной бизнес, которым я управлял, продержался на плаву несколько лет, но дела пошли на спад из-за кризиса 2008–2009 годов. Как раз в это время я наткнулся на книгу Тима Ферриса, и у меня появилась идея выйти в мир с таким типом бизнеса, который позволит зарабатывать деньги онлайн, благодаря чему вы сможете путешествовать по всему миру и получите определенный тип свободы – такой, когда вы можете жить где хотите, зарабатывать деньги и осуществлять свои мечты.

Я начал создавать веб-сайты, а также устанавливать на них AdSense и обратные ссылки, что позволило мне начать зарабатывать на этом. К 2011 году я был готов уехать за границу и купил билет в один конец в Коста-Рику.

У меня было много сайтов, где я мог публиковать статью за статьей, затем размещать обратную ссылку на них и добавлять на сайт Google AdSense, чтобы заработать деньги на маркетинге. Такой подход неплохо работал до апреля 2011 года, когда Google написал новый алгоритм и полностью уничтожил весь мой доход от этих веб-сайтов. Я понимал, что должен придумать что-то новое, и нашел небольшую работу в Интернете. Примерно в этот же период, после того как я провел в Коста-Рике некоторое время, я решил реализовать идею, которую я называю "Единственный эффект"».

От скромных благотворительных начинаний

«"Единственный эффект" стартовал благодаря группе друзей, решивших собрать немного денег на благотворительность, и нам было так весело, что мы решили создать блог об этом. Я переехал в Перу, и мы решили построить ферму в помощь детям, страдающим от недоедания, в качестве нашего первого проекта. После того как мы закончили строительство, я переехал в Испанию и немного расширил наш веб-сайт.

Первоначальным слоганом для сайта мы выбрали "Эксперименты, которые меняют мир", потому что главная идея состояла в том, что человек может взять одну идею или мечту и действительно изменить ситуацию в мире с ее помощью. В первый год мы не относились к сайту серьезно. Однако на протяжении следующего года мы стали более внимательными, и он стал нашим увлечением; тем не менее проект все еще не был полноправным законным бизнесом, хотя я всегда хотел сделать его именно таким, но не знал, каким образом.

Я не знал, что мне делать дальше. Я знал, что хочу превратить этот проект в бизнес, который мог бы поддерживать мой образ жизни, а также расти и помогать людям одновременно. Я всегда стремился выяснить, как я могу направить бизнес таким образом, чтобы в первую очередь сфокусироваться на получении прибыли, помощи людям, а также на создании стабильного дохода.

На протяжении долгого времени я действительно чувствовал себя так, будто я застрял в своих целях, и мне кажется, что это был просто страх перед принятием решения, в каком направлении двигаться и на какой рынок нацелиться. Прорабатывая эти очень важные и зачастую сложные вопросы, я понимал, что если я не приму решение и не начну действовать в одном направлении, то никогда не смогу добиться прогресса.

Мы обсуждали эксперименты по изменению мира, но никто толком не знал, что это значит, и все потому, что я не понимал, к чему идет мой бизнес. Так было до тех пор, пока мне не задали по-настоящему трудные вопросы о бизнесе и о том, что мы делали с ним, и только тогда мы начали понимать реальное направление. Какое послание несет ваш бизнес? Какова ваша история? Кому вы пытаетесь ее рассказать?

Я услышал довольно резкую критику своего бизнеса от Грегори вместе с направлением, в котором я хотел двигаться с "Единственным эффектом". Теперь у меня было четкое представление о том, что необходимо делать дальше. Я обновил сайт, провел его ребрендинг и начал делать то, что всегда хотел, вместо того чтобы делать то, что я считал необходимым. С помощью этой новой ясности я сфокусировался на том, чтобы превратить проект в стабильный бизнес, который мог бы функционировать и развиваться на протяжении длительного времени».

Как превратить хобби в стабильное движение

«Самое главное, я считаю, что у меня сейчас действительно есть идея того, во что я хотел превратить свой проект, вместо того чтобы заниматься этим просто ради удовольствия. Я превратил свое хобби в движение. После того как мы провели ребрендинг и полностью обновили дизайн сайта, "Единственный эффект" наконец-то получил первых подписчиков. У нас появились подкасты. У нас есть последовательные блоги о личностном развитии и вдохновляющий контент, который помогает людям достигать своих целей, воплощать свои мечты и стремления, получая при этом доход.

Существует одна проблема, с которой сталкиваются многие некоммерческие компании и предприятия. Они всей душой верят в то, что делают, но в действительности они не знают, как развивать свое дело или привлечь средства для его поддержки. На самом деле проблема с некоммерческой деятельностью заключается прямо в ее названии – "некоммерческая". Они не зарабатывают деньги, а если компания не получает доход, она не может быть стабильной. Существует огромное количество благонамеренных людей с отличными идеями по изменению мира, но они тратят свои собственные деньги или не знают, как создать стабильную благотворительность или бизнес с целью получения прибыли.

Большинство людей мечутся между одной и другой сторонами, полагая, что вы можете либо заниматься некоммерческой деятельностью и вести благотворительную работу, либо управлять бизнесом. Дело в том, что мы приближаемся к тому времени, когда сможем получить и то и другое. У нас может быть бизнес, который действительно помогает людям — стабильный бизнес, сосредоточенный на том, чтобы одновременно приносить прибыль и помогать людям, предоставляя истинную ценность и меняя мир к лучшему.

Я очень увлечен созданием лучшего мира и помощью другим следовать своим мечтам. Дело в том, что если мы верим в себя, у нас и правда нет никаких ограничений. Не существует ничего, что могло бы остановить нас от действия, и традиционное образование не обязательно учит нас этому. Оно учит нас тому, как выйти в мир, получить хорошую работу, упорно трудиться, зарабатывать неплохие деньги, завести семью, уйти на пенсию и умереть.

Это модель мышиной возни, когда люди раз за разом повторяют одно и то же, не зная, что существуют и другие способы прожить свою жизнь, которые являются вполне приемлемыми, и зачастую очень безответственно тратить свою жизнь, не следуя своим мечтам, не стремясь к вещам, которых вы действительно желаете в этом мире.

Сколько я себя помню, я представлял себя 95-летним стариком на смертном одре, визуализирующим жизнь, которую он хотел бы прожить. Поэтому, когда я думаю о жизни, которой я хочу жить, с этой точки зрения, я думаю о человеке, который путешествует по всему миру, изменяя его к лучшему. Я думаю о том, чтобы быть предпринимателем. Я думаю о личностном росте, помощи в росте другим, вдохновении и осуществлении всего, о чем мечтаю».

Как сделать так, чтобы изменения приносили доход

«Дело в том, что эти путешествия представляют огромную ценность и для тех людей, которые за них платят, и для тех, кому эти поездки должны помочь. Потому что, во-первых, их участники получают возможность испытать невероятные эмоции; во-вторых, они покидают свою зону комфорта и начинают расти как личности, когда оказываются в деревне, строя дом для детей-рабов; в-третьих, они помогают людям, с которыми при других обстоятельствах никогда бы не встретились, а также тем, с кем они больше никогда не встретятся вновь... И еще они получают возможность оставить свой след в истории изменения мира.

Существует множество вдохновляющих фраз, утверждающих: "Эй, живи жизнью своей мечты и будь удивительным!" Существует множество людей, призывающих: "Пожалуйста, помогите этим детям-рабам, потому что они рабы, и они дети, а мы не хотим для них такой судьбы! Дайте им немного денег или станьте волонтером и выкопайте для них колодец или сделайте что-нибудь еще". Мы стремимся объединить эти мощные идеи в одну по-настоящему привлекательную концепцию, обладающую к тому же привкусом авантюры.

Существует новый термин, называющий подобное путешествие благотворительной поездкой, когда люди могут оставить свою работу с девяти до пяти, взять две недели отпуска, поехать в Коста-Рику, Перу, Гану и пожить какое-то время среди местных жителей, одновременно помогая им создать то, к чему они стремятся, а потом запомнить это приключение на всю жизнь. Мы создаем благотворительность, которая не обязательно должна быть самопожертвованием.

За долгое время подобной деятельности я заметил, что благотворительности всегда чего-то не хватает. Многие люди занимаются ею, потому что чувствуют, что должны это делать, а не потому, что они действительно хотят этим заниматься. Поэтому они участвуют в различных благотворительных проектах или мероприятиях, в результате чего, по их убежденности, они должны получить некоторое удовлетворение. Но они его не получают, так как делают это скорее из чувства вины, а не по желанию. Если вы можете совместить увлекательное приключение с какой-либо благотворительной работой, которой люди действительно могут увлечься, это выигрышная ситуация для всех сторон.

Сейчас моей долгосрочной целью в "Единственном эффекте" является создание множества различных сообществ по всему миру. У нас уже есть три сообщества, но главная наша миссия — создать как можно больше общин по всему миру, куда мы сможем приезжать и постепенно, на долгосрочной основе, делать то, что действительно изменит к лучшему их жизнь.

Примерно два с половиной года назад мы построили ферму в Перу в помощь страдающим от недоедания детям; мы трудились бок о бок с местными жителями, копая землю у подножия горы, чтобы начать ее строительство. Через шесть месяцев после старта проекта мы начали получать снимки, показывающие ее рост и прогресс. Уже прошло более двух лет, и наша ферма значительно разрослась. Мало того, что она кормит всех 60 детей в деревне, она кормит еще и семьи, которые живут здесь. Они имеют долю этой земли, и 50% того, что они выращивают, идет в школу, а остальные 50% остаются в их собственных семьях.

Таким образом, мы фактически кормим людей с помощью стабильного проекта, потому что эта ферма простоит в течение еще нескольких поколений. Долгосрочная идея, стоящая за "Единственным эффектом", заключается в том, чтобы создать подобные проекты в Индии, Таиланде, Непале, а также в Перу, Коста-Рике и по всему миру и изменить жизнь во всех этих общинах, привозя туда людей, желающих познакомиться с новыми обычаями и культурой, и помочь другим.

Мы собираемся создать подкаст, продолжать вести блог и вдохновлять людей. Основным для нас является то, что "Единственный эффект" — это вдохновляющий блог о личностном развитии, благодаря которому люди действительно могут узнать больше о себе и вырасти, а также присоединиться к нашим путешествиям и получить опыт, который запомнится им на всю жизнь».

Практический пример № 3

Стремительный рост личностного бренда благодаря описательному фокусу

Нидра Габриэль, основатель Spirit Moves

Нидра Габриэль – тренер по физическим нагрузкам, которая специализируется на оказании помощи людям с ограниченным диапазоном движений в том, чтобы восстановить свое тело до состояния наибольших гибкости и работоспособности за счет простых упражнений низкой интенсивности, которые высвобождают накопленные за долгие годы скованность и напряженность. Сейчас ее работа сосредоточена вокруг узкоспециализированной двигательной терапии для спортсменов, пациентов, которые восстанавливаются после травм, и клиентуры пожилого возраста посредством международных семинаров и частных уроков. Вы можете связаться с Нидрой на сайте www.spirit-moves.com.

Введение

Иногда слишком глубокие знания о своем бизнесе могут стать более серьезным препятствием для роста, чем их недостаток. Очень легко оказаться слишком близко к собственному бизнесу и забыть, как он выглядит с точки зрения абсолютно незнакомого человека. Когда я впервые встретил Нидру, она уже практиковала свое особое искусство двигательной терапии и проводила тренинги на протяжении большей части своей жизни. В свои 60 лет она имела больше навыков и опыта в своей сфере, чем кто-либо другой.

Несмотря на годы, которые она потратила на изучение человеческого тела по отношению к движению и гибкости, Нидра пренебрегла кое-чем очень важным. Она так и не научилась рассказывать историю о том, что она делает таким образом, чтобы мгновенно донести свою убедительную уникальность.

Истина заключается в том, что чем больше вы развиваетесь в качестве одиночного профессионала и поставщика услуг, тем легче стать настолько неоднозначным, что основной аудитории будет очень трудно вас понять. Это вредит всем. Ваш бизнес застаивается, потому что никто не может увидеть привлекательности вашей практики, или же пояснение, которое они слышат, очень сильно отличается от более крупной категории в их уме, к которой они привыкли. В этом случае люди, которые больше всего нуждаются в вашей помощи, совершенно упускают вас из виду и никогда не получат потенциально огромной пользы от работы с вами.

Что касается Нидры, на протяжении 30 лет она преподносила себя как обычного инструктора по йоге и пилатесу, и это работало против нее. Сообщество преданных клиентов, которое она естественным образом обрела при помощи «сарафанного радио», очень любило ее, и этих людей было достаточно, чтобы поддерживать ее в финансовом отношении. Тем не менее без сильного и уникального послания она не имела реальной возможности масштабировать свои усилия и начать предлагать свой бренд тысячам платежеспособных клиентов.

Интенсивно работая вместе в течение нескольких недель, мы смогли глубоко исследовать образ мышления Нидры и извлечь наиболее важную информацию из ее обширных знаний относительно двигательной терапии. Мы определили не только конкретную пользу, которую она могла бы принести наилучшим образом, но и людей, которые, скорее всего, захотят ее получить, а также то, каким образом она могла бы наиболее эффективно объединить все это в один эмоциональный образ бренда.

С помощью выполнения этого процесса и внесения необходимых изменений в описание своих текущих событий и рекламные материалы Нидре наконец удалось осуществить мечту всей своей жизни, а именно – стать по-настоящему независимой в своем бизнесе. Мало того, что ее время сейчас ценится на 700% больше, чем раньше, у нее появилось больше работы и она обладает полным контролем над тем, как, когда и где ей проводить свои занятия. Ее аудитория увеличивается с каждым днем, и у нее появилось гораздо больше возможностей, чем когда-либо прежде, практиковать свое мастерство онлайн и с помощью других современных способов коммуникации.

Если вы опытный практикующий индивидуум любого рода, подумайте о препятствиях, которые в настоящее время мешают вам расширить ваш бизнес. Просто тот факт, что вы работаете в качестве физического лица, не означает, что вы не можете рассказать свою историю и реализовать свои навыки с помощью современных средств коммуникации. Первый шаг к переходу от отношений «один на один» к отношениям «один ко многим» – это обладать историей, которая стоит того, чтобы рассказать ее как можно большему количеству наиболее взыскательных слушателей.

И если вы оказались в таком же положении, в каком была Нидра, когда мы только начали наше сотрудничество, выберите время и поразмышляйте над следующими вопросами применимо к вашему собственному бизнесу. Не останавливайтесь, пока не найдете настоящие, убедительные ответы, которые будут очевидны для вас. Именно они помогут вам осознать, какие изменения необходимо сделать в образе вашего бренда.

- Что вы предлагаете более уникального и ценного по сравнению с другими поставщиками в этой же сфере?

- Используете ли вы слишком много общих терминов? Сложно ли людям понять детали вашего бизнеса?

- Знаете ли вы, какой тип людей больше всего нуждается в вашей помощи? Что вы можете сделать, чтобы обратиться к ним и убедить их в том, что вы предлагаете ценностное решение их проблем?

- Каким образом вы позволяете внешним факторам ограничивать образ вашего бренда? Боялись ли вы когда-нибудь рассказать всю историю?

Кейс Нидры Габриэль

«Мое первое знакомство с движениями состоялось, когда я была начинающей танцовщицей со множеством технических и физических проблем, а также с большими амбициями стать балериной. Эти амбиции не увенчались успехом. Я не достигла его из-за большого количества травм и технических сложностей, которые и привели меня в мир двигательной терапии для восстановления баланса в теле.

В то же время я начала изучать йогу и пилатес. Выполнение этой работы с другими людьми было невероятно вдохновляющим и увлекательным процессом, так как я узнала, что у каждого человека есть уникальный шаблон того, как он сложен, как он двигается, как понимает движение и откуда оно появляется.

Сейчас я работаю с движением и фитнесом, чтобы освободить людей от тех блоков, которые мешают им достичь оптимального здоровья. На протяжении многих лет я изучала различные механизмы для решения таких проблем, как застывшие плечи или заблокированные позвоночник и нервная система. Речь идет об объединении всего этого для того, чтобы действительно поднять стандарт жизни человека, включающий его чувство благополучия и эмоциональное состояние, чтобы он обрел большую уверенность и знания о том, кто он такой и как работает его тело.

Много лет я работала со множеством различных клиентов, например с пожилыми людьми, которые обнаружили, что им стало менее комфортно в своем собственном теле. Также я работала со спортсменами, которые уже начали терять свою форму или пережили травму и не уверены, что смогут безопасно вернуться в спорт либо восстановиться до прежнего уровня, чтобы перейти на следующую ступень.

Проблема для большинства людей заключается в том, что если они регулярно выполняют определенный тип движений — сидят в кресле за компьютером весь день, или, если вы бегун, это работа ног в пределах определенного диапазона движений, или, если вы теннисист, это работа правой рукой и поворот туловища определенным образом, — их тело застывает в этих формах без их ведома. Оно просто затвердевает, и появляется необходимость начинать смягчать эти затвердевшие участки и восстанавливать их до первоначального состояния.

Очень немногие люди знают об этом аспекте двигательной активности, поэтому необходимо заранее определить вещи, которые блокируют диапазон ваших движений, а затем правильно интегрировать эти движения снова таким образом, чтобы позволить вам достичь максимума своих возможностей. Я работаю с этими людьми, чтобы помочь им восстановить диапазон движений, использовать весь свой потенциал и интегрировать конкретные движения в их повседневную жизнь, чтобы они ощущали подъем жизненных сил и энергию.

В мире пилатеса я провожу тренинги, чтобы другие инструкторы могли использовать данную серию движений, техник и механизмов, но в основном я делаю это для своей выгоды. Я провожу семинары по йоге и пилатесу, специализирующиеся на том, как избавиться от боли и тяжести в ногах, зажатости в бедрах, плечах и позвоночнике и как снять напряжение в области шеи и лица. Все это могут применять как обычные люди, так и тренеры».

Неудача Нидры в попытке донести свою ценность

«В течение всей своей 30-летней карьеры я изо всех сил пыталась сформулировать то, что я делала для людей. Я часто работала с различными тренерами для усиления роста моего бизнеса и его расширения, однако мне никогда не удавалось получить именно то, что было необходимо. Я всегда понимала, что предоставляю услуги, которые очень востребованы, но даже несмотря на то, что мне советовали определить свой образ, свою специфическую нишу, описать себя таким образом, чтобы выделиться среди конкурентов, я была не в состоянии добраться до сути того, что делала.

Когда люди спрашивали меня, чем я занимаюсь, я отвечала: "Я преподаю йогу и пилатес". Один тренер запретил мне использовать эти два термина, и я ходила вокруг да около, пытаясь объяснить род своей деятельности. Люди смотрели на меня непонимающим взглядом. А потом кто-то просто сказал: "Она обучает пилатесу и йоге", – и после этого люди отвечали: "О, хорошо, теперь мне понятно". Так что да, мне было очень трудно сформулировать, чем я занимаюсь, и, следовательно, круг людей, с которыми я могла связаться, был ограничен теми, кто уже знал обо мне и моей репутации от своих друзей.

Проблема с тем, чтобы просто называть себя учителем йоги, заключается в том, что есть много учителей, преподающих йогу и пилатес, и у каждого учителя и каждой предлагаемой им услуги есть своя уникальность. В конце концов, говорить только то, что я обучаю пилатесу, на самом деле очень ограничивает. Любой, кто об этом слышит, возможно, уже имеет свое собственное предвзятое мнение о том, что это может означать. Таким образом, существует очень-очень-очень небольшой процент людей, которым будет интересно то, чем я занимаюсь, и это лишь при условии, что у них уже есть страсть к йоге или пилатесу. Им это нравится, и они хотят этого.

Если же люди не знают, что это такое, или у них нет никакого желания идти на занятия, когда перед глазами у них стоит картинка завязывания себя в крендель, то они даже не будут заинтересованы в том, чтобы дальше это обсуждать. Аналогично у меня не будет никаких точек соприкосновения, чтобы завязать с ними разговор, потому что я никак не смогу апеллировать к их интересам или потребностям.

В какой-то степени это сродни плохо настроенному пианино. Для начала вы должны настроить каждую струну для соответствующей ноты, и только после этого пианист сможет сыграть на нем красивую мелодию. Если пианино расстроено, оно будет ужасно звучать независимо от того, кто на нем играет. Именно я заставляю инструмент звучать хорошо, и тогда будет легко сыграть отличную музыку. В данном примере музыка зависит от клиента: бег, теннис, танцы, победа на Олимпийских играх, гимнастика, йога, пилатес, обретение радостной, приятной жизни, садоводство и так далее. Все очень индивидуально, и я поняла, что чрезвычайно важно определить специфические интересы моих клиентов, если я хочу оказать на них хоть какое-то влияние.

В моей сфере деятельности я определяю себя уже гораздо более конкретно. Если учитель йоги хочет увеличить свои знания и расширить учебную программу, почему он должен обращаться к другому учителю йоги? Есть сотни преподавателей, из которых можно выбирать. Когда я решаю провести семинар по проблеме, немного выходящей за рамки традиционной методики, я могу привлечь гораздо больше профессионалов, которые знают, в чем именно состоит эта проблема.

Понимание того, в чем заключаются моя программа и мое предложение, предоставило мне гораздо больше фундаментальной уверенности для разработки новых тренировочных программ, а также различных услуг, имеющих комплексный подход к решению специфических проблем через обучение человека. В итоге я хотела бы создать своего рода реабилитационный центр, где люди смогут пройти интенсивный курс и усвоить большинство моих уроков, а затем вернуться к своей обычной жизни с большим количеством навыков, которые они смогут легко применить в домашних условиях, чтобы поддерживать свою обретенную расширенную функциональность и уменьшить боль».

Как более четкий образ помог создать новую бизнес-модель

«Между тем я уже провожу удаленные семинары подобного рода. Я также хочу разработать несколько онлайн-видеокурсов, потому что многому можно научить через Интернет. Здесь действительно нет ничего невозможного! Когда-нибудь я также создам 30-дневный онлайн-курс обучению трансформации, который я смогу вести со своего компьютера из любой точки мира для группы моих подписчиков.

Хотя я до сих пор считаю себя новичком в сфере продвижения и маркетинга, я уверена, что не остановлюсь в своем росте и образовании. Теперь у меня есть инструменты, с помощью которых я могу обратиться к гораздо большей аудитории, чем когда-либо ранее, и, что более важно, я действительно знаю, что мне необходимо сказать, чтобы привлечь внимание и заинтриговать их. Импульс от того, что я могу им предложить, только ускорит этот процесс. В этом у меня нет никаких сомнений. Сейчас я существенно переделываю свой сайт, чтобы он представлял мои услуги намного лучше и понятнее. До сих пор это была просто рассылка новостей.

Вся моя бизнес-модель претерпела изменения. На протяжении последних 5 лет я ездила в Европу на выездные семинары, и на одном таком небольшом мероприятии я была приглашенным тренером в одном австрийском отеле. У меня образовалась преданная группа последователей, которые приходили на мои утренние занятия йогой и вечерние уроки пилатеса, и мы все вместе просто "тусовались". Это было небольшое мероприятие, за которое я получала мало денег. Это занятие меня совершенно не устраивало, так как я никогда не чувствовала, что хочу заниматься именно этим.

Поэтому я решила подойти к делу абсолютно иначе. Я разорвала данный контракт и нашла локацию в Испании, из которой я могла бы работать совершенно независимо, используя новоприобретенные знания о себе и своих услугах, которые я получила от Грегори.

Я расширила свою прежнюю программу до четырех с половиной часов в день, включив в нее гораздо более конкретные задачи относительно того, что будет пройдено на физическом и эмоциональном уровнях. Я впервые создала новостную рассылку, чем была откровенно очень взволнована, потому что чувствовала, что эта рассылка поднимет планку моего бизнеса до того самого уровня, которого я хотела достичь. Это была моя мечта – предоставлять именно такие услуги, создать именно такую программу, и теперь мне, наконец, удалось осуществить это.

Мой первый обновленный семинар длился неделю. После того как я сделала рассылку среди своих контактов, все пригласительные были распроданы в течение недели. Интенсивность и скорость, с которой люди отвечали мне по электронной почте, просто поражали. У меня еще никогда не было такого количества ответов, а ведь на моем сайте не было даже корзины, где люди могли бы оформить подписку. Мне пришлось отправить всем счета через PayPal. Это отчасти потрясло меня, поэтому я все перепроверила и зарезервировала эту же локацию на следующую неделю, а затем сделала еще две или три рассылки. Эта неделя в настоящее время также полностью занята. И сейчас я нахожусь в раздумьях, стоит ли мне продлевать регистрацию еще на пять дней.

Так что теперь вместо одной возможной недели удаленных семинаров у меня есть две полные недели и еще, вероятно, третья, потому что есть определенное количество людей, которые хотели бы прийти, но у них не получилось. Это полностью меняет для меня правила игры. Цифры не врут: я перешла от заработка в пределах 2–3 тысяч долларов в неделю до 10, 15, 17 тысяч. Я также разработала некоторые новые услуги, которые планирую ввести в основную программу. Так что я определенно ожидаю увеличения прибыли.

У меня есть целый список людей из Европы, связавшихся со мной, которые не смогли попасть на мой испанский семинар. Вскоре я начну проводить тренинги выходного дня, и они уже с нетерпением ждут их. Так что я намереваюсь также продать эти два уик-энда и, возможно, получить довольно много частных клиентов. Простое озвучивание моей страсти, чем я интересуюсь и в чем вижу суть человеческих проблем, открыло дверь многим людям, которые теперь имеют возможность связаться со мной.

Раньше я иногда задавалась вопросом, понесу ли я убытки в определенный промежуток времени, потому что этот бизнес всегда был для меня несколько рискованным. Мне нужно было купить за свой счет билет на самолет. Иногда мне приходилось заботиться о своих жилищных условиях. Я просто ходила по краю, потому что чувствовала, что это правильно и это необходимо сделать. На этот раз я не сомневаюсь, что определенно получу прибыль, и, вероятно, большую часть денег я получу еще перед началом семинара, а потом у меня будут тренинги, которые принесут мне дополнительный доход. Это огромные перемены, и это только начало.

Со мной выходило на связь большое количество людей, которые говорили: "Боже мой, я получил вашу рассылку от моего друга, могу ли я тоже прийти?" Таким образом, люди пересылали мое письмо о семинаре благодаря тому, что оно было очень убедительно написано. Я не могу сказать, что эта рассылка стала спамом из-за своего огромного масштаба, но пользователи пересылали ее друг другу, потому что, очевидно, я затрагивала их болевые точки. Вместе с тем я предоставляла им решение. Я описывала проблему и ее решение так, как никогда не делала раньше, и это оказало огромное влияние на их выбор.

Это результат лучшего понимания того, как сформулировать свое предложение, а также выяснить, о чем думают потенциальные клиенты, в чем заключается мое решение и как донести свои услуги таким образом, чтобы они на самом деле выполняли поставленную перед ними задачу».

В чем другие тренеры потерпели неудачу

«Как я уже говорила, я работала с другими тренерами, в основном на групповых занятиях. Я потратила много денег, которых у меня на самом деле не было, тысячи и тысячи долларов на тренеров, которые позиционировали себя мастерами маркетинга, хотели нажать на все кнопки одновременно и обещали всем луну с неба в результате работы с ними. Я посещала большое количество их вебинаров, однако так и не получила никаких результатов. Многое из того, о чем они говорили, я пыталась применить на практике. От некоторых вещей я просто отказалась, потому что они были слишком чужды мне.

Так или иначе, я решила, что пока не буду работать с тренерами, потому что я не получала от этого никакой пользы. Мне казалось, что когда я работаю самостоятельно, мне легче оставаться спокойной и на меня действует меньше раздражителей, так как никто не пытается вынудить меня платить ему все больше и больше денег. Но, когда я встретила Грегори, я поняла, что снова хотела бы поработать с кем-то, однако я определенно хотела работать один на один. Откровенно говоря, это должно было вписываться в мой бюджет, который был вполне реалистичным и соответствовал тому, кем я являюсь и что делаю. Я не собиралась отдавать свой последний доллар человеку, обещающему мне вселенную, которую я никогда не смогу получить.

Что отличалось на этот раз, так это количество внимания, которое уделялось не только структуре того, что мне нужно было сделать, но и персонально мне, чтобы помочь мне совершить все необходимые шаги для определения того, кто я и что делаю.

Это был очень интересный опыт, потому что меня спрашивали о том, чем я занимаюсь. Я отвечала: "Я преподаю йогу". "Почему мне должно быть это интересно? Чем вы занимаетесь на уроках йоги? Чем вы занимаетесь на пилатесе?" "Я преподаю уже в течение 30 лет". Я постоянно запиналась и заикалась, чувствуя себя полной идиоткой, используя слова, которые совершенно точно не могли выразить весь необходимый смысл, потому что я действительно не могла простыми словами объяснить, чем я занимаюсь и как я это делаю.

Я называю этот процесс "переход через болото тупости", потому что совершенно очевидно, что он привел к грандиозным результатам. У меня была услуга, но я не могла подобрать правильных слов, и время, которое я потратила на то, чтобы найти эти слова, оказалось бесценным.

Это как раз то, чего мне не смогли дать другие тренеры. Они говорят вам сделать это, это и это, а потом уходят. Они берут ваши деньги, а затем покидают вас, и вы остаетесь один на один с вашей неспособностью применить полученную информацию, с большой самокритикой и мыслями, что, возможно, проблема заключается в том, что вы просто ленивы или ненастойчивы. Все предыдущие тренеры нисколько не заботились о том, перебрался ли их клиент на другой берег. Они просто предоставляли услугу и уходили прочь. На этот же раз я получила подробные стенограммы и записи того, что мы проходили во время каждой нашей встречи, чтобы я могла повторно их прослушать, просмотреть и найти среди всей той путаницы маленькие драгоценные крупицы, чтобы извлечь их и использовать с выгодой для себя».

Планы на будущее

«Теперь у меня есть специалист, который управляет моим веб-сайтом, в то время как моя задача – разработка продукта, предоставление услуги и работа с людьми напрямую. Моей мечтой всегда было иметь возможность сосредоточиться именно на этом и передать большую часть маркетинга и онлайн-аспектов кому-то другому, но это все равно должно оставаться моим делом. Оно должно представлять меня. Я уверена, что ни один успешный предприниматель не может сделать все в одиночку. Вам нужна команда. Необходимо сотрудничать с другими людьми, и они должны быть гениями в своей сфере деятельности, и поэтому я с большим нетерпением жду продолжения развития своего бизнеса. Я никогда не была более взволнована будущим своего дела».

Практический пример № 4

Ребрендинг негативного образа целой индустрии

Марица Павалама, основатель Worldly Mindset

Марица Павалама имеет двойное гражданство – США и Бразилии. Свой опыт жизни и работы в разных странах мира она отразила в образовательном онлайн-контенте. Она и ее партнеры предлагают практические советы и помощь всем тем, кто хочет начать более глобальное существование и жить за пределами локальных границ. Получить больше информации о ней и ее единомышленниках вы можете на сайте www.worldlymindset.com.

Введение

После того как вышло первое издание «Революции бренда», я узнал о том, что один из предпринимателей, историю которого я включил в раздел «Практические примеры использования образа бренда», принимал участие в событиях, которые не соответствуют моральным принципам ведения бизнеса, описанным в этой книге. Я был вынужден принять непростое решение заменить этот пример в данном издании, чтобы у читателя не создавалось впечатления, будто я поощряю подобные действия. С недавних пор я работаю с другой компанией в этой же нише, чтобы сделать акцент на проблемах недоверия и мошенничества, которые преобладают в сфере офшорных консьерж-услуг.

Когда я впервые разговаривал с Марицей Павaламой, она была очень обеспокоена положением дел в индустрии, в которой она пыталась сделать себе имя. Несколько лет назад она решила начать кочевой бизнес, и теперь ее работа заключалась в том, чтобы помочь другим предпринимателям и экспатриантам получить статус резидента в Испании и других странах Европы. У нее была такая возможность, несмотря на бюрократическую неразбериху и сложное законодательство, потому что она потратила достаточно времени на изучение данного вопроса и прошла через весь процесс сама.

Причина, по которой Марица решила сделать все самостоятельно, а не воспользоваться услугами множества существующих поставщиков, заключалась в том, что она не верила в их честность или в то, что они выполнят свою работу качественно. Большинство этих людей обращались к ней довольно агрессивно, требовали заплатить большую сумму еще перед началом процесса, отказываясь делиться какими-либо важными деталями сотрудничества до оплаты. Те же, кто все-таки сообщал хоть что-то, либо были противоречивыми, либо ошибались на ключевых этапах процесса. Она беспокоилась о том, что документы будут заполнены неправильно или, что еще хуже, ее обманут те люди, на помощь которых она так рассчитывала.

Именно это побудило Марицу постараться изменить систему для людей, нуждающихся в помощи при поиске выхода из сложных ситуаций. Вскоре она поняла, что была не единственной, кто столкнулся с подобными трудностями при попытке переехать либо перевести свой бизнес или деньги в другую страну. Целая индустрия «офшорных специалистов» погрязла в надуманных сложностях, мужском шовинизме и эмоциональных манипуляциях. Как результат, все они боролись за один и тот же лакомый кусочек в виде определенного типа личности, не обращая никакого внимания на растущую осведомленность в других секторах рынка.

В ее случае мы вместе работали над тем, чтобы сфокусироваться на разграничении двух основных моментов: *как* она преподносила ценность (путем создания обучающих материалов, таких как книги, курсы и видео) и *кого* она преподносила (ее личностный бренд). Эти аспекты образа ее бренда были намного важнее, чем представление радикально новой проблемы, требующей решения.

Читая рассказ Марицы, помните о том, что всегда существует больше одного способа достичь цели. Тот факт, что вы отвечаете на вопрос, на который уже отвечает кто-то другой, не означает, что вы не можете найти уникальный способ преподнести этот ответ. Рынок полон потребителей с совершенно разными предпочтениями того, как *потреблять* предложение производителей.

- В чем заключаются слабые стороны брендов конкурентов, доминирующих на сегодняшний день в вашей нише? Как вы можете выделиться, просто делая акцент на других эмоциональных качествах?

- Какие нестандартные информационные каналы существуют для донесения вашего уникального сообщения? Как вы можете преподнести себя и свой бренд вне общеизвестных каналов?

- Как вы ограничиваете себя, соблюдая существующие условия в вашей нише? Являются ли эти ограничения неизбежными для выполняемой вами работы? Или вы можете раскрыть индустрию для более широкой аудитории?

Кейс Марицы Паваламы

«Идея Worldly Mindset появилась после попыток помочь людям понять, что это значит – иметь образ жизни, который выходит за рамки обычного путешествия из одного места в другое. Мы хотели показать, как они могут начать думать более глобально и наслаждаться свободой жить так, как им хочется. Это подразумевает не только наличие паспортов и банковских счетов, но и открытие новых возможностей, о которых они даже не подозревали.

Сайт Worldly Mindset сфокусирован на обучении. Его цель – помочь людям получить необходимую информацию до того, как произойдет нечто такое, что продемонстрирует им недостаток собственной свободы. Это может быть что угодно: проблемы на государственной границе, невозможность получить доступ к средствам на своем банковском счете, будучи за границей, и другие подобные неприятности. Люди просто не знают о том, что следует размышлять более глобально. Worldly Mindset существует для того, чтобы обучить их перед появлением этого ужасного "о нет", когда все начинает идти не так.

Образ мышления – это набор верований и ценностей, которые человек использует для взаимодействия с окружающим миром. Я считаю, что он также является интроспективным. Это не только то, как вы смотрите на мир и взаимодействуете с ним, но также и то, как вы рассматриваете себя в мире. Мировоззрение определяет ваше восприятие. Это означает, что вы рассматриваете себя в контексте своего места в огромном мире вокруг вас, а не только в контексте своего происхождения».

Вхождение в нишу, где доминируют определенный тип личности и стиль общения

«Мы заметили, что хотя спрос на помощь в переезде, организацию работы и жизни в любой точке мира определенно растет, большинство консалтинговых агентств в этой нише рассматривают процесс получения офшорного счета в банке или второго паспорта в качестве символа статуса и роскоши для людей высшего класса. Они позиционируют себя как поставщиков услуг для тех, кто стремится к образу жизни "секретного агента 007". Хотя это может подойти очень специфическому типу клиентов, это чуждо всем остальным — реальным людям, у которых нет миллионов, чтобы выбрасывать их на атрибуты высокого международного статуса.

Все, что мы делаем, направлено на развитие восприятия того, что у людей должно быть больше свободы и возможности жить так, как им хочется. Наша деятельность не основывается на получении какого-либо конкретного символа статуса как такового. Речь идет о расширении возможностей для обычных людей выразить себя: отправиться в те места, которые они хотели бы посетить, встретиться с интересующими их людьми и, в конечном итоге, вести такой образ жизни, который подходит им больше всего.

Подобно искателям атрибутов высокого статуса, нас часто спрашивают, зачем кому-то нужен второй паспорт. Самый очевидный ответ заключается в том, что человек просто-напросто хочет обладать большей свободой для въезда в другую страну, избегая любых потенциальных проблем на границе. Получение нового паспорта, позволяющего въехать без визы в страну, в которую вы не могли попасть со своим прежним паспортом, высоко ценится среди заядлых путешественников. Зачем вам много счетов в различных банках? Для инвестирования, доступности и безопасности диверсификации во многих точках мира. Это наиболее простые и очевидные причины, однако многие люди, которые могли бы извлечь пользу из этих знаний, даже не догадываются об этом.

Большинство других консалтинговых агентств в этой сфере либо следуют по пути "символа статуса", либо используют нагнетание страха и эмоциональное давление, чтобы заставить людей предпринимать серьезные (и дорогостоящие) действия, о которых в любой другой ситуации они бы всерьез не задумались. *"Вы должны залечь на дно! Всем вокруг нужны только ваши деньги! Ваше правительство может рухнуть в любой момент и потянуть вас за собой!"* Они также рассказывают о страшных налогах и прочих подобных вещах. Эти слова чрезвычайно сильно нацелены на вашу подсознательную реакцию. Мы хотим быть более активными, сознательными и информативными. Для начала вам нужно перестать бояться, а это приходит с поддержкой и обучением. В первую очередь необходимо изменить образ мышления.

Итак, все началось с осознания того, в чем именно мы хотим помочь людям; мы просто не понимали, как конкурировать с некоторыми из крупных игроков в этой быстро развивающейся нише, когда они уже обладают всей властью и авторитетом и доминируют эмоционально. Мы поняли, что нашим главным отличием должны стать не столько услуга, которую мы предоставляем, или конечный продукт, с которым человек уйдет от нас, а скорее причины, почему клиенты выбирают нас, включая способ взаимодействия с ними. Все дело в нашем образе и ценностях, которые мы отстаиваем. Мы знали, что именно в этом может заключаться наша уникальность (и привлекательность).

Если бы мне нужно было описать стиль многих других сайтов в индустрии офшорных услуг, я бы сказала, что они очень устрашающие и переполнены мужским шовинизмом. Я не думаю, что они доступны большинству людей. Далеко не каждый хочет разъезжать по всему миру, попивая мартини в Монако, и я уверена, что это как раз отталкивающий фактор для людей, которые хотят вести свободную жизнь, но не совсем понимают, что есть и другие способы воплотить свои стремления. Вы заходите на сайты таких компаний, и они немедленно бросают свой продукт вам в лицо: "Получите второй паспорт за $10 000!" или "Купите специальный электронный справочник за $200, который расскажет вам, как открыть банковский счет в другой стране". Но вы даже не объяснили, зачем мне второй паспорт! Все, что их интересует, – это продажа.

Люди могут считать себя опытными путешественниками только из-за того, что у них много отметок в паспорте, но они все равно не до конца понимают, как счета в банке и новое гражданство могут на самом деле облегчить поездки и убрать многие ограничения.

Сейчас мы стараемся сделать информацию более доступной и помочь людям понять, почему им это может быть интересно. Мы фокусируемся на том, чтобы сделать Worldly Mindset общедоступным пространством, где люди смогут поделиться своей информацией и получить данные, которые есть в мире, но они слишком напуганы, чтобы обратиться к нам. Дело не в том, чтобы просто продать еще одну книгу или обучающий курс. Мы стремимся объяснить людям, что они могут получить с помощью своего опыта и какие вещи могли бы делать самостоятельно».

Как иное взаимодействие с клиентами меняет абсолютно все

«В отличие от конкурентов, мы начинаем свою работу с клиентом не с назойливого предложения продукта, а объясняем, какие вопросы ему следует задать себе в данный момент для определения своих целей. Одной из причин, почему агрессивные продавцы процветают, является то, что большинство людей, как правило, не думают о каком-либо решении, пока оно им не понадобится. Любой человек должен иметь возможность получить информацию задолго до этого момента, чтобы у него было время подумать о том образе жизни, который он хочет вести. Она должна быть представлена способом, построенным на доверии и компетентности, а не эксклюзивности или срочности. Люди, работающие с клиентами в этом ключе, знают, о чем говорят. Вы можете доверять им. На их сайте размещены не надуманные рекомендации – я знаю, что могу начинать действовать прямо сейчас и вся предоставленная ими информация надежная и правдивая.

Этот новый способ взаимодействия побуждает нас сосредоточиться на невероятно недооцененном рынке, просто зная, как помочь людям чувствовать себя более комфортно и объяснить им сложные понятия. Именно в этом заключается сила доверия и обучения. Благодаря нашим беседам с коллегами, которых необходимо было всему научить, мы поняли, в чем заключались пробелы в знаниях. Многие мелочи, такие как различия между гражданством и визой, минуют мысли на удивление большого количества путешественников, даже достаточно опытных. Как оказалось, люди ничего не знают об этом. Необходимо было возвращаться к базовой информации.

Существующие сайты обслуживают очень маленький процент людей, которым действительно необходимы знания и, более того, помощь в том, чтобы понять, что же именно им нужно. Поэтому первый шаг Worldly Mindset заключался в том, чтобы разместить всю имеющуюся информацию в различных источниках в зависимости от того, что предпочитают клиенты: видео, книги, курсы, лекции, опросы… Особое внимание мы уделяем последним, так как люди начинают просматривать вопросы и спрашивать себя, что им еще необходимо узнать для расширения кругозора. Их не нужно было пугать процессами получения гражданства и визы, поскольку эта информация просто-напросто уже недоступна. Сегодня она практически всегда спрятана за очень высокой стеной дорогостоящих услуг или же недостоверна (даже среди больших имен в данной нише).

Мы избавляем людей от ментальности "элитной группы". Они уже знают, что им необходим второй паспорт или гражданство другой страны, и стараются понять, зачем им это нужно, прежде чем заказывать определенный продукт или обучающий курс.

Когда люди понимают весь процесс и им нужна помощь с бюрократическими нюансами, банковскими счетами, инвестициями в сельское хозяйство в других странах и прочими подобными вопросами, они обращаются к специалисту, который может предоставить им достоверную и надежную информацию. И в случае необходимости они без колебаний придут к нему же за дополнительной помощью, когда уже определились в своих намерениях или только собираются это сделать.

Например, человек решил, что Перу будет наилучшим для него местом, и хочет, чтобы его идею поддержали. Наша задача — предоставить помощь больше консультационного характера, вместо того чтобы просто дать ему то, о чем он просит, или пытаться продать более дорогой пакет услуг, когда ему, возможно, это и не нужно, потому что он собирается поехать только в Южную Америку. Поэтому наши клиенты уверены в качестве производимого нами контента, включающего базовые знания о гражданстве, банковских счетах, инвестициях и т. д. А еще они знают, что могут прийти к нам со своими вопросами и получить то, что поможет им достичь своих целей и обрести большую свободу, и при этом никто не будет пытаться извлечь выгоду из их проблем или продать более дорогую услугу.

Изменение того, как потребители воспринимают противоречивую нишу

«Контент, который мы производим, не является узконаправленным. Мы делаем его очень доступным, а не путающим, эксклюзивным или нацеленным исключительно на мужчин. И самое главное: информация предоставляется честными людьми с подлинными личностями, а не аватаром, придуманным кем-то, кто пытается манипулировать вами при помощи своих знаний – подлинных или фальшивых. Мы хотим помочь людям и рассказываем обо всех ошибках, допущенных в вопросах гражданства, открытия банковских счетов, взаимодействия с бюрократическими структурами в разных странах, получения визы, а также о множестве других мелочей, связанных с глобальным существованием. Так как каждый человек, работающий в Worldly Mindset, обладает своей собственной историей и уникальным опытом, мы можем понять, через что проходят другие.

В сущности, мы стараемся привнести честность и открытость в индустрию, которая печально известна своими недобросовестностью и непрозрачностью. Большинство веб-сайтов наших конкурентов очень туманны и обманчивы, используют много трюков и назойливый интернет-маркетинг, включающий пугающие всплывающие окна с агрессивным дизайном. Все мы видели такие сообщения, которые не позволяют перейти на страницу, пока вы не введете какую-либо информацию. При этом нет никакого способа просто закрыть их. Чтобы остаться на сайте, нужно обязательно что-то сообщить.

И, в частности, у нашего самого известного конкурента мелким шрифтом написано о том, что он без сомнений продаст ваши личные данные другим предпринимателям. Он считает ваши имя, почтовый адрес, номер телефона и адрес электронной почты собственностью своей компании. Для меня это было настоящим шоком, если принять во внимание очень личный характер данной ниши. Уверена, многие люди дважды подумали бы, прежде чем начинать работать с такими людьми, если бы они задумались об их сущности.

В Сети вы можете найти огромное количество отзывов тех, кто обратился за помощью к подобным "экспертам" и обнаружил, что они умышленно скрывали важную информацию, чтобы иметь рычаги давления на клиента, или вовсе пропадали, когда не знали, что отвечать. В целом этот бизнес очень противоречивый. Они просто хотят забрать ваши деньги, а затем вернуться к потягиванию коктейлей на тропическом пляже, не прилагая слишком много усилий, чтобы предоставить вам помощь, за которую вы уже заплатили.

В своей работе с клиентами мы всегда были честны, если не знали всех ответов. Поскольку ни один человек не может быть экспертом во всем, мы на это и не претендуем. Именно поэтому мы заключаем партнерские соглашения с людьми, являющимися экспертами в своей области, и объединяем их советы с нашим разносторонним личным опытом. "*Вот что мы сделаем дальше. Мы всегда будем рядом и поможем вам на всех этапах вашего пути*".

Я понимаю, что, по сути, использование иных образа и подхода означает, что мы обращаемся к другому типу аудитории. Я не настолько наивна, чтобы думать, что мой личностный бренд или бизнес-стратегия подходят всем, но я верю, что существует много людей, для которых это является отличным предложением. Существует незадействованный рынок предпринимателей и людей, которые не зависят от своего местоположения или, по крайней мере, идентифицируют себя подобным образом. Они не зависят от него в том смысле, что могут работать из любого места, где есть Wi-Fi, но настоящая свобода от локации приходит вместе с истинно глобальным мировоззрением. Они просто еще многого не знают.

Этим людям не нужны сайты для офшорного банкинга или покупки гражданства на Карибах. Они далеки от этого. Я верю, что, рассказывая реальные истории и предоставляя клиентам необходимые знания, мы практически оказываемся в своей собственной особой категории. Здесь все другое: и история, и аудитория, к которой я обращаюсь. Люди, которые придут к нам, скорее всего, даже не захотят иметь дело с этими мачо, похожими на Джеймса Бонда. Они не будут им доверять.

Мы больше сконцентрированы на расширении рынка, а не на прямом привлечении тех, кто работает с нашими конкурентами. Это ставит нас в позицию влиятельного лидера, который может обслуживать бесконечно большое количество людей, принявших абсолютно иной образ мышления. Мы получили возможность стать первооткрывателями нового века самосознания».

Практический пример № 5

Значение личности в технической сфере

Оливье Вагнер, основатель 1040 Abroad

Оливье Вагнер – специалист по подготовке налоговой документации и офшорный консультант, специализирующийся на оказании помощи американцам, которые живут, работают и инвестируют за рубежом. Его уникальный опыт иммиграции в США и ведения бизнеса во время путешествий по всему миру позволил ему сфокусироваться в своей профессии на статьях налогового кодекса США, которые меняют правила для нестандартных образа жизни и источников дохода. Он также помогает людям обрести большую свободу путем выхода из гражданства, офшорных банковских операций и других малоизвестных стратегий законной минимизации налоговых обязательств. Вы можете узнать больше о работе Оливье, посетив сайт www.1040abroad.com.

Введение

У Оливье одна из самых интересных предысторий среди всех, с кем я когда-либо работал, и одна из главных целей нашего сотрудничества заключалась в том, чтобы найти наилучший способ использовать личный бренд с выгодой для себя в очень запутанной и неоднозначной сфере деятельности.

В тот момент, когда люди начинают думать о налогах, они эмоционально напрягаются. Юридически они обязаны делать платежи, и их наибольшее беспокойство касается минимизации своих выплат, насколько это возможно, и уверенности, что они предоставляют точную информацию, чтобы избежать возможных серьезных последствий, если они не сумеют сделать это. Это создает еще больше проблем для людей, которые получают доходы или проводят много времени за границей, так как в этом случае налоговые правила гораздо сложнее и очень легко допустить ошибку, если вы не знакомы досконально с местной налоговой системой.

Именно это Оливье должен был суметь донести до своих клиентов, и ему необходимо было научиться использовать свою индивидуальность и собственный образ, чтобы облегчить для них этот процесс, который он в самом начале делал немного неохотно. Его внимание всегда было сконцентрировано на жестких и быстрых правилах кодекса законов о внутренних доходах, он впитывал эту информацию, как губка. И хотя это сделало его невероятно квалифицированным для помощи своей целевой аудитории американцев, работающих на международном уровне, он не видел, как наилучшим образом заслужить их доверие и донести жизненно важную информацию об экономии их денег и защите от тюрьмы благодаря безупречному соблюдению налогового законодательства.

Работая с Оливье, я помог ему увидеть, что, несмотря на его впечатляющие знания технической стороны стратегий, которые могли бы помочь его клиентам получить какие-либо льготы или сэкономить деньги на налогах, ему нужно было нечто большее, чтобы выделиться среди конкурентов, которые предлагали аналогичные услуги. Ему необходимо было научиться привлекать к себе клиентов с помощью своей личной истории и тех людей, с которыми он работал ранее, а это означало, что он должен был стать лицом своей компании. Его техническое мастерство в таком случае будет служить подтверждением первоначальных чувств новых потенциальных клиентов, когда они уже интуитивно решили, что Оливье – это именно тот человек, который сможет помочь им с налогами.

У Оливье Вагнера сейчас полностью обновленный веб-сайт и новая общая концепция своего бренда и того, как себя продвигать, что, в свою очередь, позволило ему удвоить сумму, которую он брал ранее за подготовку налоговых деклараций. Он также расширил свои услуги и включил эксклюзивные и индивидуальные предложения, которые значительно повысили статус его клиентуры. Поскольку мы продолжаем наше сотрудничество, мы придумали более серьезные и эффективные способы рассказать свою историю и помочь людям, которые нуждаются в его услугах, осознать, что он именно тот человек, которому они могут полностью довериться.

По мере того как вы читаете рассказ Оливье, рассматривайте его прогресс через призму своих собственных сложностей в бизнесе. Даже если вы не хотите, чтобы ваш бренд обладал вашим именем и лицом, глядящим с каждой рекламы, вы все равно можете извлечь огромную пользу для создания образа своего бизнеса как такового.

- Уделяете ли вы слишком много внимания технической ценности того, что вы предлагаете, пренебрегая при этом человеческим фактором? Какие шаги вы можете предпринять, чтобы добавить индивидуальности без ущерба для качества?

- Сделали ли вы достаточно, чтобы дать понять вашей аудитории, чем ваша специализация выделяет вас среди обычных поставщиков в этой же отрасли? Что вы предпринимаете, чтобы выйти вперед и обучить именно тех людей, которые нуждаются в вашей услуге?

- Предоставляют ли ваш сайт и другие маркетинговые материалы слишком много информации? Не перенасыщаете ли вы свою аудиторию информацией вместо того, чтобы осторожно предложить ей принять более активное участие?

Кейс Оливье Вагнера

«Я подготавливаю налоговые декларации США для граждан Соединенных Штатов Америки, находящихся за пределами страны, через свою компанию 1040 Abroad. Я вырос во Франции, недалеко от Страсбурга, и всегда хотел уехать оттуда. Когда я приехал в США, то сначала проучился год в Луизиане, а потом работал в сфере финансов в Нью-Йорке. Я женился на гражданке США и получил вид на жительство. Затем я получил американское гражданство, а в 2011 году мы переехали в Канаду. Таким образом, французское правительство видит во мне француза, но я воспринимаю себя как американца, несмотря на свое международное происхождение. Я не американец, как многие другие люди, потому что не вырос в этой стране, но я — легальный иммигрант.

Мне кажется, что я обладаю уникальным разносторонним опытом, потому что одновременно являюсь иностранцем, американцем, а теперь еще и американским экспатриантом. Я видел ситуацию со всех сторон, и это действительно оказало влияние на то, как я презентую себя людям, с которыми работаю. Это очень важно, потому что я имею дело с тремя очень разными типами клиентов, проживающих за пределами США, которые нуждаются в помощи с американскими налогами:

- Цифровые странники.

- Экспатрианты.

- Случайные американцы.

Цифровой странник, в принципе, идентичен с термином "ВП" или "вечный путешественник". Это человек, который все время путешествует и как таковой не имеет достаточных связей в какой-либо конкретной стране, чтобы стать там налогоплательщиком. Эти люди путешествуют по туристическим или студенческим визам и, вероятно, имеют свой интернет-бизнес. Очень хорошо зарабатывать деньги в Интернете, когда вы не являетесь гражданином США, потому что вам не нужно платить налоги. Вам не нужно подавать декларацию ни в одной стране. Тем не менее, если вы являетесь гражданином Соединенных Штатов, то вы в любом случае должны подавать налоговую декларацию. Поэтому моя работа состоит в том, чтобы помочь этим людям понять, как распределить время на налоги и свести к минимуму выплаты по закону.

Большинство людей знает об исключении для доходов от трудовой деятельности за рубежом, которое позволяет им исключить до ста тысяч долларов иностранного дохода. Также проводится тест времени пребывания, который подразумевает проведение по меньшей мере 330 дней в течение любого 12-месячного периода за пределами США.

Когда я говорю об экспатриантах, я имею в виду обычных американцев, живущих сравнительно стабильной жизнью в другой стране. Возможно, они переехали в Швейцарию для работы в крупном банке, но по-прежнему являются американцами. Или же они окончили университет и получили эту престижную работу в Швейцарии. Таким образом, они переезжают в эту страну. Они открывают постоянный счет в швейцарском банке, чтобы получать зарплату, и рано или поздно в конечном итоге вступают в брак с гражданином Швейцарии и заводят там ребенка.

Экспаты платят налоги в чужой стране, в которой проживают, что позволяет им пользоваться иностранными налоговыми льготами. Они уже платят налог в этой стране, и им, скорее всего, не придется платить никаких налогов в США.

Случайный американец – это человек, который не считает себя американцем. Как правило, он родился в США, поэтому технически является американским гражданином, но он уехал за границу в очень молодом возрасте. В большинстве случаев эти люди даже могут и вовсе не знать, что являются гражданами США. Они пребывают в блаженном неведении относительно последствий, которые могут иметь.

Это действительно большой риск, которому подвержены многие люди, но они и не подозревают об опасности. Большинство людей никогда не слышали термин "случайный американец", и они не знают, что можно быть гражданином США и даже не знать об этом.

В 2015 году вышел закон, который регулирует работу иностранными банками. Он называется Закон о налоговом соответствии иностранных счетов и означает, что банки в настоящее время определяют, какие из их клиентов являются гражданами США, и отправляют имя, адрес и баланс счета этого человека в Налоговое управление. Кроме того, каждый, кто имеет более 10 тысяч долларов на счету в иностранном банке, должен в любое время в течение года подать отчет о доходе, полученном за границей. Так что когда Налоговое управление получает эти данные, оно будет пытаться сопоставить их с декларацией налогоплательщика, и штраф за умышленный отказ от подачи отчета о доходе, полученном за границей, может составить до 50% от остатка на счете за последний год».

Важность специализации в динамичной индустрии

«Причина, почему я помогаю таким людям, заключается в том, что обычный специалист по подготовке налоговой документации США знаком только с налоговым законодательством своей страны. Поэтому, если вы из Нового Орлеана, штат Луизиана, и работали со специалистом по подготовке налоговой декларации в течение последних пяти лет, но вдруг решили стать цифровым странником, открыть счета в иностранных банках и основать иностранную корпорацию, вы неминуемо столкнетесь с законами, с которыми не знаком ваш предыдущий специалист по налогам. Вы станете его первым клиентом с такой ситуацией, и ему придется получать новые знания, чтобы помочь вам правильно заполнить декларацию и минимизировать ваши налоговые обязательства. Он может даже не знать о том, как следует заполнять некоторые формы.

Сегодня все больше и больше людей отказываются от гражданства США, чтобы избежать всех сложностей, связанных с налогами, на данной территории. Дополнительная часть моей работы заключается в том, чтобы рассказать им о возможности таких процессов и о том, как выйти из гражданства, если это действительно принесет им пользу. Многие люди даже не подозревают, насколько легко можно избавиться от американского гражданства.

Другое дело просто платить налоги, потому что очень много людей вообще ни разу не подавали налоговую декларацию или не платили налоги в течение длительного времени. Это очень важный вопрос с весьма серьезными возможными последствиями, но до сих пор большое количество людей не обращает на это никакого внимания, потому что это слишком сложно для среднестатистического человека. Некоторых людей на самом деле может оскорбить даже простое упоминание самой темы налогов».

Как создать настоящий бизнес

«Раньше то, чем я занимался, вообще не являлось настоящим бизнесом. Я работал в крупной бухгалтерской фирме и просто создал свой блог в качестве эксперта по офшорным налогам. Мне удалось привлечь к сотрудничеству адвоката, который занимался вопросами выхода из гражданства США, и именно благодаря ему я получил большинство своей клиентуры. Я создал довольно специфический блог, который понравился более старшим и опытным специалистам по налогам и продемонстрировал, что я профессионал, знающий свое дело. Но когда обычные люди читали его, они могли и заснуть, настолько скучной и сложной была эта информация.

Я заказал создание своего веб-сайта компании, специализирующейся на разработке сайтов для бухгалтеров, но беда была в том, что они, как оказалось, работают для того типа бухгалтеров, для которых сайт является лишь визитной карточкой и не более. Я знал, что мне нужно нечто большее, если я собирался убедить абсолютно незнакомых людей в том, что являюсь именно тем специалистом по подготовке налоговой документации, которому они могут доверить столь сложный и важный процесс. Раньше я уже пытался найти решение этой проблемы.

И, наконец, я понял, что пришло время отнестись к этому более серьезно и создать для себя новую веб-презентацию, а также маркетинговую стратегию и убедительный образ бренда, чтобы люди начали обращаться ко мне за услугами. Мы трудились над моим сайтом для генерации лидов, получения электронных адресов людей, их контактной информации, предложений скачать PDF-файлы и тому подобного. Именно этим я всегда хотел заниматься. Я просто не знал, как собрать все воедино. Я читал статью за статьей о маркетинге, но не был способен сделать его частью своей игры. Я знал очень много, но даже не представлял, как использовать эту информацию, и это останавливало меня на протяжении очень долгого времени».

Как общаться более доступно и расширять свои услуги

«На самом деле у меня было две основных проблемы. Во-первых, мое сообщение было слишком сложным. Оно не обращалось к моей фактической аудитории, хотя я знал, кто они и что им необходимо. Я говорил таким образом, который оказывал на них очень мало воздействия. Во-вторых, я не знал, как использовать правильные инструменты, чтобы рассказать свою историю миру, чем я сейчас и занимаюсь после того, как составил более четкое, простое для понимания сообщение. На мой взгляд, это выходит за рамки просто слов, которые я произношу при личной встрече или на моем сайте. Речь идет о личности, которую я могу продемонстрировать и с помощью которой могу выделиться в своей отрасли.

Будущее для меня теперь заключается в том, чтобы больше работать и зарабатывать больше денег. Моя мечта в том, чтобы иметь возможность поручить это дело другим бухгалтерам и быть в состоянии обеспечить себе практически полностью пассивный доход, но на данный момент я просто хочу отправлять свое сообщение миру.

Также я хотел бы расширить свои услуги и вынести ценность, которую я предлагаю, за рамки простого заполнения налоговых деклараций. Мне интересна сфера регистрации корпораций. Мне также интересны вопросы возвратов средств нерезидентам, после чего я могу предоставить им услуги по заполнению документов для получения вида на жительство. Я могу предложить очень много советов о том, как жить в статусе экспатрианта – начиная от услуги почтовых ящиков в США, где вы до сих пор можете получать свою почту, отправленную на местном уровне, и до многого другого. Я являюсь своего рода экспатом, начиная с 2004 года, но я еще и экспат США с 2011 года.

В конце концов, я могу охватить многие аспекты помощи людям в том, как стать лучшими экспатриантами, более успешными цифровыми странниками и начать свою международную жизнь за пределами налоговой стороны вещей. Оказав подобные услуги, я мог бы помочь им решить и другие вопросы. Я работал с банками и получал почту за пределами США. Я сохранял водительские права. Я могу даже предоставить информацию о том, как получить статус иммигранта в другой стране. Это является важной частью расширения образа моего бренда.

Многие люди работают в отраслях, где их сдерживает специфический, сугубо технический характер того, что они делают. Им действительно сложно создать себе имя, потому что ниша, в которой они трудятся, невероятно сложна и они просто не знают, как донести до людей важность того, что они делают, или объяснить, почему кто-то должен хотеть сотрудничать с ними.

Мой совет заключается в том, что вам нужно найти кого-то, кто понимает это. В моем случае, например, люди не понимают офшорного налогообложения для американского гражданина и поэтому обращаются ко мне за помощью. Я не до конца понимаю суть образа бренда, поэтому я обращаюсь к людям, которые могут помочь мне понять ее и подготовить для меня платформу обмена сообщениями. Не бойтесь пробовать новые вещи или расти в новых направлениях, потому что только так вы сможете получить результаты, которых не могли достичь ранее».

РАЗДЕЛ V

РЕСУРСЫ ДЛЯ НАЧИНАЮЩИХ ПРЕДПРИНИМАТЕЛЕЙ

Вечный вопрос о том, как заработать деньги, будет преследовать человечество до тех пор, пока деньги существуют в качестве средства обмена. Те, кто их не имеет, хотят заработать их. Те, у кого они есть, хотят еще больше. Фундаментальной ошибкой неуспешного человека является принятие того факта, что денежные потоки переходят из одних рук в другие благодаря судьбе или другим неподконтрольным обстоятельствам. Не так сложно понять, как и почему деньги меняют хозяев, и если вы потратите немного времени на то, чтобы обдумать эту мысль, это поможет вам в любом бизнесе, который вы начнете, или в достижении профессиональных высот.

Возможно, у вас пока нет своего небольшого бизнеса, который бы вас обеспечивал. Возможно, у вас даже нет никакой большой предпринимательской идеи о революционном продукте или услуге. Это нормально для начальной мотивации старта бизнеса – не иметь ничего больше, кроме желания оставить свою привычную трудовую жизнь позади и начать зарабатывать деньги на собственных условиях. Или, может быть, вы очень молоды, как я когда-то, и у вас еще нет никакой реальной карьеры, от которой можно было бы отказаться, но вы знаете, что хотите сами контролировать свою жизнь.

В Интернете существуют тонны информационных ресурсов от людей, которые научились создавать онлайн-бизнес или независимую компанию. Тем не менее, их советы, как правило, относятся больше к техническим вопросам управления, которые имеют смысл только для того, кто уже ведет функционирующий бизнес. Парню, сидящему на своем рабочем месте с мыслями о собственном деле, не нужно знать, как удвоить количество своих подписчиков в Facebook. Он должен научиться аксиомам зарабатывания денег самостоятельно.

На самом деле новички в бизнесе, скорее всего, растеряют весь свой запал, если получат советы, которые находятся далеко за пределами их текущего понимания. Очень часто во время моего обрывочного самообразования, после прочтения длинного поста в блоге или прослушивания подкаста от «эксперта», я задавался вопросом: «Хорошо, и что же мне теперь делать с этой информацией?» Информационный разрыв между людьми, которые делают, и теми, кто только хочет сделать, слишком велик.

Аксиомы зарабатывания денег

Неважно, сколько вам лет — 16 или 60, вам понадобятся эти аксиомы в качестве основы ваших будущих действий, если вы хотите добиться успеха с любой бизнес-идеей. Есть только три способа, с помощью которых человек может получить больше денег:

- Украсть.

- Выпросить.

- Заработать.

Это достаточно легко понять. Кража — это когда вы берете деньги без разрешения их владельца. Это может быть столь же просто, как карманная кража в переулке, или сложно, как создание фальшивых компаний, дающих ложные обещания предоставить высокую ценность, но не выполняющих их. Я довольно часто становился жертвой обеих разновидностей кражи.

Выпрашивание денег является немного более невинным, но вряд ли более благородным, чем воровство. Попрошайничество – это когда мы пытаемся сыграть на симпатиях других и заставить их отдать нам свои деньги, не предлагая ничего взамен. Их единственная награда – мимолетное чувство самодовольства или смягчение вины. И хотя передача денег может быть добровольной, это не является устойчивым, прогрессивным или регулярным обменом ценностями. Некоммерческие и благотворительные организации должны быть осторожными, чтобы не опуститься до выпрашивания пожертвований.

Зарабатывание денег происходит, когда что-то более высокой субъективной ценности предлагается в обмен на получение некоторой суммы денег. Ценность предлагается в качестве продуктов и услуг, или вещей и действий, которые предоставляют определенный результат. Очевидно, что именно на этом мы хотим сосредоточиться как предприниматели и филантропы в целом. Видимый прогресс может быть достигнут только тогда, когда акцент переносится с кражи или выпрашивания денег на их зарабатывание.

Применение структуры к идее

В своей самой общей форме зарабатывание на жизнь означает обмен с вашим работодателем часа вашего времени на фиксированную заработную плату. Тем не менее, если вы не врач или юрист, существуют строгие денежные ограничения для этой упрощенной модели «время за деньги». Структура дает возможность взять концепцию ценности и экспоненциально увеличить ее влияние и прибыльный потенциал. Структура позволяет вам эффективно использовать свое время и, следовательно, получать все больше и больше денег за один и тот же уровень усилий. Вы даже можете создать структуру, которая будет работать частично или полностью независимо от вас, обеспечивая стабильный пассивный доход.

Вам не нужен формальный бизнес-план, чтобы начать зарабатывать деньги самостоятельно или добавить структуру к основной идее ценности. Вот как любой человек с хорошей идеей может заработать, по крайней мере, немного денег за один день реализации:

1. Создайте что-то ценное – продукт или услугу.

2. Определите тип человека, которому это больше всего необходимо.

3. Сравните с аналогичными решениями в отношении функциональности, послания и цены.

4. Опишите продукт кратко, включая то, что он делает, как он работает, для кого он создан и что делает его уникальным.

5. Определите, как донести это сообщение людям, которые больше всего в нем нуждаются.

6. Возьмите их деньги и дайте им продукт или выполненную услугу взамен.

Это довольно просто в теории, но становится все более сложным в зависимости от масштаба вашей идеи или ваших действий по ее внедрению. Чтобы создать более сложный продукт или услугу, вам нужно будет найти производителей и поставщиков, которые могут предложить все необходимые составляющие по цене значительно ниже той, которую вы будете брать за готовый продукт. Эти виды бизнеса обычно требуют времени и достаточного количества стартового капитала, чтобы начать функционировать. Они могут не приносить прибыли в течение нескольких месяцев или даже лет и поэтому не столь привлекательны для начинающих предпринимателей.

Если у вас нет прибыли, которую вы могли бы вложить в свой бизнес в самом его начале, вы можете заняться поиском инвестора, готового предоставить денежные средства в обмен на долю в компании, или мгновенного роялти от всех продаж.

Роль предпринимателя

Ваша работа в качестве предпринимателя заключается в том, чтобы контролировать весь бизнес в целом и планировать его будущее. На старте своего самого первого проекта вы и кто-либо еще из вашей команды учредителей, вероятно, будете выполнять большинство задач самостоятельно – на всем пути от производства до реализации, до продаж и маркетинга. По мере роста компании вам нужно будет начать полагаться на технологии и других людей для решения задач, которые не требуют вашего непосредственного участия. Со временем вы сможете организовать свой бизнес таким образом, что будете только ставить задачи наиболее квалифицированным для этого сотрудникам. То есть когда вы начнете зарабатывать все больше и больше денег, у вас будет гораздо меньше работы, чем вы ранее могли предположить.

Идеальная роль учредителя – это главный стратег и сердце компании. Тем не менее, большинство руководителей и других лидеров в конечном итоге берут на себя роль дополнительного звена. Они нанимают специалистов для управления основными функциями поддержания бизнеса, но все равно неизбежно всплывают различные мелочи, забота о которых ложится на плечи именно босса.

Очень часто руководителям, которым приходится заполнять пробелы в управлении компанией, не хватает времени на реализацию новых стратегий и тестирование идей. Бывает так, что человеку, который должен выполнять задачи высшего уровня, вместо этого отводится рутинная работа и техническое обслуживание. Это не вызывает положительных эмоций и может оказаться потенциально фатальным для вашего бизнеса.

Будучи лидером в своем бизнесе, всегда помните, что время является самым ценным вашим активом. Если вы осознаете ценность собственного времени, то понимаете, насколько важно делегировать задачи, которые могут быть выполнены на том же качественном уровне, кому-либо другому за разумное вознаграждение. Работайте над превращением ежедневных задач вашей компании в процессы, которые могут быть переданы другим лицам. Упростите то, что вы делаете каждый день, и определите, каким образом ваши нынешние сотрудники тратят впустую свои усилия и ваши ресурсы. Все, что вам необходимо, – настроиться на эффективность во всем, чтобы превратить функционирующий бизнес в машину, производящую прибыль.

Репутация, отношения и мораль

Успешный бизнес определяется отношениями, которые, в свою очередь, строятся на репутации физических или юридических лиц, участвующих в них. Ваша репутация как частного предпринимателя дает неформальный старт формальному образу вашего бренда. Она есть у всех, кто не живет в социальном вакууме. Это восприятие вас другими людьми и их первоначальная готовность предоставить вам новые связи на основании того, что они слышали о вас от других.

Репутация может быть либо правдивой, либо полностью сфабрикованной. Наилучшая репутация естественным образом создается благодаря вашему реальному взаимодействию с другими людьми, так что они вольны сформировать собственное положительное мнение о вашем характере и способностях. Это гораздо более сильная разновидность положительного впечатления, чем любая другая, которую вы могли бы создать разговорами о себе или убеждением других думать о вас определенным образом.

Доверие возникает в двух формах, и обе чрезвычайно важны. Первый тип доверия относится к вашей компетентности. Если кто-то собирается добровольно предоставить вам полномочия для выполнения квалифицированной задачи или проконсультировать его в специализированной области знаний, он должен быть уверен, что вы знаете, что делаете. Мы все совершаем это много раз ежедневно. При посадке на самолет вы по умолчанию соглашаетесь с тем, что доверяете пилоту безопасно доставить вас к месту назначения и не будете пытаться управлять самолетом самостоятельно из страха, что он не знает, что делает.

Самые знающие и талантливые люди, как правило, становятся хорошо известными в определенных областях. Малкольм Гладуэлл в своей книге «Переломный момент» называет таких людей знатоками, и имена многих из них в конечном итоге стали синонимом целой области знаний или отрасли квалифицированного труда. Майкл Джексон был королем поп-музыки. Ричард Докинз — это, как его насмешливо называют, один из четырех всадников современного атеизма (и признанный авторитет в вопросах эволюции). Дэвид Вулф является лицом тренда здорового образа жизни – сыроедения. Доверяют ли люди вашей компетентности в выбранной вами области?

Второй тип доверия имеет отношение к морали. Речь идет о намерениях и готовности человека вводить в заблуждение или наносить вред другим путем применения физической силы или психологического давления. Предприниматели не смогут выжить, если окружат себя людьми, которые имеют предрасположенность воровать у них или скрывать важную информацию. Вы не сможете построить значимые отношения с тем, кто готов забрать у вас то, что ему нужно, помимо вашей воли или обманным путем заставить вас делать что-то, что противоречит вашим интересам.

Так же, как люди создают репутацию своей компетентности в определенной области, они создают и свой моральный облик. И то и другое строится путем вашей демонстрации своих способностей и характера, а также опираясь на свидетельства тех, кто лично убедился в вашей надежности. Когда кто-то публично ручается за вас, его репутация неизбежно связывается с вашей. Всякий раз, когда вы оказываетесь не в состоянии жить в соответствии с репутацией, которую заработали, вы можете подвести любого, кто когда-либо добровольно связал свою жизнь с вами.

Чем больше развита экономика или общество в целом, тем более важна роль профессионализма и характера репутации. Вы можете быть самым умным, талантливым, честным и щедрым человеком на планете, но, если ни один важный для вас человек не знает об этом, это не принесет вам особой пользы в вашем бизнесе. Каждый должен знать, где проходит граница между тем, чтобы быть скромным касательно своих собственных положительных качеств, но при этом не скрывать их от всего мира.

Общая мораль является единственным логичным выбором для тех, кто серьезно относится к развитию своего бизнеса и построению полноценной жизни. Аморальный человек имеет возможность улучшить свою жизнь только в краткосрочной перспективе. Высокоморальные люди заинтересованы в том, чтобы держаться подальше от подобных личностей для своей же безопасности. В течение достаточно длительного периода времени происходит естественное разделение между теми, кто работает честно, и теми, кто намеренно вводит других в заблуждение. Люди с деньгами имеют множество стимулов, чтобы не позволить даже малой части своих средств попасть в руки нечестных людей. Анализ характера деятельности и репутации становится жизненно важным для выживания в этой среде.

Нравственные люди знают, что можно достичь очень многого путем создания репутации хорошего человека, чем быть жуликом, который использует других для личной выгоды. Ищите этих правильных людей, с которыми вы могли бы себя ассоциировать, и они также будут искать вас. Если люди считают, что вам нельзя доверить небольшие обязанности, они, скорее всего, не станут поручать вам и более важные задачи.

Если вы человек, который всегда использует ложь во спасение или постоянно опаздывает, куда бы он ни шел, помните, что эти, казалось бы, безобидные грехи могут лишить вас возможностей, о которых вы даже не догадывались. Просто потому, что никто и никогда прямо не говорит вам о ваших незначительных оплошностях, не означает, что они не замечают и не помнят этого. Потеря хорошей репутации – это цена, которую вы платите за сиюминутную лень или аморальное поведение.

В предисловии я рассказывал о женщине, которую нанял, чтобы она помогла мне создать рукопись этой книги и вывести ее в статус бестселлера на Amazon. Когда она не предоставила мне необходимые результаты, за которые я ей уже заплатил, она имела все возможности возместить мои убытки, просто признав свою ошибку и вернув деньги. Я даже предложил ей пожертвовать всю сумму моего заказа любой некоммерческой образовательной организации, если для нее это было более комфортно, чем вернуть деньги непосредственно мне. Вместо этого она решила прекратить все контакты со мной и отречься от любых обязательств выполнить то, что обещала.

Я мог бы подать на нее в суд мелких тяжб, чтобы вернуть те $5000, которые заплатил ей, и, возможно, даже больше из-за огромных издержек, с которыми я столкнулся. Вместо этого я решил поделиться своим крайне негативным опытом работы с ней публично. Из-за того, что у нас довольно много общих контактов, ее профессиональная репутация пострадала очень сильно. Вскоре после этого я общался со многими людьми, которые благодарили меня за то, что я рассказал им об аморальном поведении и профессиональном мошенничестве этой женщины, чтобы они не продолжали сотрудничество с ней, несмотря на первоначальные планы.

В конечном итоге она, несомненно, потеряла гораздо больше, чем $5000, в результате краткосрочной выгоды от кражи моих денег. Она получила клеймо, которое теперь будет преследовать ее на протяжении всей профессиональной деятельности. Чтобы иметь стабильный успех в качестве предпринимателя, вы должны защищать репутацию своего бренда любой ценой.

Не бойтесь принять мораль в качестве абсолютного принципа своей жизни. Будьте честны с людьми, которых вы знаете. Будьте справедливы и серьезны с другими, даже если это означает изменение на какое-то время ваших собственных жизненных обстоятельств. Высокоморальные люди замечают подобное поведение у других и отвечают на него соответствующим образом. Они впустят вас в свою жизнь и предложат более широкие возможности для совместной работы.

Если вы допустили ошибку и подвели другого человека, ответственность исправить негативные последствия ваших действий ложится именно на вас. Большинство людей готовы простить первую ошибку, если она незначительна и они видят попытки исправить ее. Хорошие люди, как правило, хотят увидеть, как другие тоже становятся таковыми, и они дадут вам шанс проявить себя, если вы искренни в своем стремлении к приобретению положительных морально-волевых качеств.

Точно так же не бойтесь надлежащим образом судить о характере других. Следите за языком тела и стилем речи. Научитесь выявлять несоответствия, намеренную неясность и откровенный обман. Все это является тревожным звоночком событий, которые могут впоследствии привести к серьезным проблемам и стоить вам огромного количества времени и денег. Отслеживайте, насколько хорошо люди общаются с вами на простые темы и как часто они скрывают важную информацию. Обратите внимание, как они выполняют свои обещания, берут ли на себя слишком большую ответственность.

Когда вы научитесь рассматривать все человеческие отношения сквозь эту призму, вы будете готовы начать обмен и сотрудничество с другими людьми, которые в состоянии дать вам то, что вам необходимо, чтобы попасть туда, где вы хотите оказаться. Никто не делает это в одиночку.

Приложение 1

Определение предпринимательских терминов

Если вы еще не предприниматель, вам может показаться, что основать свою компанию слишком сложно. Все новое кажется таковым на первый взгляд. Вы, возможно, встретили много новых терминов или увидели уже знакомые определения, используемые непривычным образом. Существуют даже некоторые разногласия среди специалистов касательно того, что обозначают эти слова. В контексте данной книги я хотел бы определить, в каком значении они используются.

Образ бренда

Образ вашего бренда – это коллективная интерпретация аудиторией вашего бизнеса. Если вы продаете себя в качестве эксперта в определенной сфере, образ вашего бренда является тем, что они думают о вас как о личности. Для большинства малых предприятий он будет включать в себя создание имени в сопровождении ряда визуальных образов и вербальных сообщений, которые передают определенную индивидуальность и функциональность.

Призыв к действию

Призыв к действию – это часть любого процесса продаж, где вашей аудитории предлагается принять решение или сделать что-то, что иначе они бы не сделали. Это главная цель любых рекламных или маркетинговых материалов. Возможно, вы пытаетесь получить больше подписчиков на свою рассылку или закрыть сделку по продаже конкретного продукта. В любом случае вы должны иметь четкое представление о том, к чему направляете своих потенциальных клиентов.

Ключевые ценности

Ключевые ценности – это закономерности изменений, которые определяют действия человека. Это идеалы, вызывающие наибольшее состояние счастья и несчастья. Это также основные способы, с помощью которых люди определяют свою идентичность. Образы брендов также формируются ключевыми ценностями учредителей компаний. Они отражены в их посланиях и создают уникальное взаимодействие с определенной аудиторией.

Перекрестные продажи

Перекрестные продажи похожи на апсейл, за исключением того, что первоначальная продажа используется, чтобы предложить другие товары, которые дополняют, но не заменяют первоначальную покупку. Если у вас кто-то покупает рубашку, разумно предположить, что ему также могут понадобиться брюки и галстук. Чем сильнее связаны между собой ваши предложения, тем легче вам будет совершить перекрестную продажу, так как любой, кто видит ценность в одном продукте, скорее всего, увидит такую же ценность и в других продуктах.

Вовлеченность

Вовлеченность – это то, что происходит, когда вашей аудитории в достаточной степени интересно то, что вы говорите, чтобы слушать и принимать меры в ответ на ваше сообщение. Это цель всех форм продаж и маркетинга. Вовлеченность может быть создана путем представления ваших бренда и продуктов идентифицируемым способом, а именно обращаясь к ключевой ценности либо основному источнику боли или удовольствия.

Лид

Лид – это любой потенциальный квалифицированный клиент, который проявляет искренний интерес к совершению у вас покупки. Он практически готов принять решение о покупке, как только ему будет предоставлена информация или мотивация, которая побудит его завершить сделку. «Холодный», «теплый» и «горячий» – все эти прилагательные используются для описания того, насколько близок лид к совершению сделки.

Долгосрочная потребительская ценность

Долгосрочная потребительская ценность – это общая сумма, которую потратит у вас среднестатистический потребитель за все время сотрудничества с вами. Это полезный показатель, определяющий долгосрочную перспективу развития вашего бизнеса, а также планирование использования минимально жизнеспособных продуктов, перекрестных продаж и апсейла.

Маркетинг

Маркетинг – это действия, направленные на то, чтобы как можно большее количество людей узнало о существовании вашего продукта, услуги или бренда. Это, как правило, ведет непосредственно к продажам, и часто эти два процесса могут быть практически неотличимы друг от друга, так как происходят почти одновременно.

Минимально жизнеспособный продукт

Ваш минимально жизнеспособный продукт – это самый простой и быстрый способ доставки ценности, которую вы можете предложить своей аудитории. Он должен представлять минимум возможных препятствий и возражений для нового клиента, чтобы он начал сотрудничество с вами. Такой продукт, как правило, предназначен для увеличения апсейла и перекрестных продаж с целью совершения потребителем более крупных покупок в будущем или используется для сбора контактной информации для последующего маркетинга.

Рассказ

Рассказ – это способ структурировать информацию, чтобы сделать ее более значимой, узнаваемой и запоминающейся. В бизнесе это означает описание своего бренда, сотрудников и продукта как опыта с конкретным результатом для потребителя, а не как списка формальных определений и особенностей. Концепция вашего бренда – это описательная история, а не набор данных.

Возражения

Возражения при покупке – это любые причины, которые может иметь потенциальный клиент для отказа от завершения сделки с вами. Обоснованные возражения – это причины, которые не позволяют клиенту извлечь всю ценность того, что вы продаете (например отсутствие средств или необходимости). Необоснованные возражения – это ложные отговорки и эмоциональная неуверенность, которые мешают принятию положительного решения.

Продукт

Продукт представляет собой физический метод доставки особого типа ценности определенным и повторяемым способом. Продукты могут быть информационного характера, например книги и видео, или же они могут быть функциональными инструментами (молотки, автомобили и одежда). Отдельные продукты одинаковой тематики или со схожими функциями также могут быть сгруппированы вместе и продаваться в качестве единого коллективного предложения, которое иногда называют пакетом.

Завершенная услуга

Завершенная услуга – это то, что происходит, когда квалифицированные действия структурированы определенными и повторяемыми способами, а затем представлены в качестве готового продукта. Он необходим поставщикам услуг для перехода от взимания платы за время, потраченное на выполнение услуги, к плате за предоставление определенного результата. Замена масла в автомобиле обычно осуществляется по фиксированной цене, включающей и работу, и материалы.

Подтверждение концепции

Подтверждение концепции – это то, что демонстрирует вашей аудитории, что все ваши утверждения и действия правдивы. Это может быть упоминание реальных примеров того, как ваш продукт помог другим людям в ситуациях, схожих с теми, в которых оказались ваши потенциальные клиенты. Подтверждение концепции может быть столь же очевидным, как и демонстрация самого продукта.

Потенциальный клиент

Потенциальный клиент – это любой человек, который соответствует основному описанию вашей целевой аудитории. До тех пор, пока вы не знаете о покупателе достаточно и находитесь в процессе определения его квалификации, его следует считать клиентом низкой приоритетности и не уделять ему слишком много времени или денежных ресурсов. Из большой базы потенциальных клиентов могут быть выделены более качественные лиды, которые по итогам завершенных сделок станут вашими реальными клиентами.

Квалификация

Процесс квалификации – это определение, есть ли у потенциального клиента проблемы, которые может решить ваш продукт или услуга, а также средства для совершения покупки. Этот процесс выполняется в интересах как вашего бизнеса, так и потенциального клиента, так как позволяет сэкономить время и обеспечить удовлетворение покупкой. Как только потенциальный клиент стал квалифицированным и проявил интерес, он считается лидом, и с ним следует продолжать работу для закрытия продажи.

Продажи

Продажи – это акт демонстрации квалифицированному лиду, что определенный продукт или услуга обеспечит большее счастье, чем то его количество, которое будет потрачено в процессе его использования. Продажа считается завершенной, когда человек принял осознанное решение об обмене на этот продукт своих времени, денег и всего, что необходимо.

Услуга

Если продукт – это существительное или предмет, то услуга – это глагол или действие. Это квалифицированный труд, осуществленный исполнителем для достижения определенного результата. Услуга также может быть информационной или функциональной, начиная от частных уроков игры на фортепиано и заканчивая ремонтом автомобилей. Подобно продуктам, услуги также могут идти в одном пакете в качестве коллективного предложения, имеющего определенную цель.

Целевая аудитория / социально-демографическая группа

Ваша целевая аудитория представляет собой группу людей, которые с наибольшей вероятностью увидят высокую ценность ваших товаров и услуг. Чем более конкретно вы обозначили свое предложение ценности и образ бренда, тем более специфической будет ваша целевая аудитория. Она необходима для того, чтобы вы могли сконцентрироваться в своей коммуникации, маркетинге и продажах на людях, на которых они произведут наибольший эффект.

Уникальное торговое предложение (УТП)

Ваше уникальное торговое предложение – это определенная ценность, которую вы предлагаете другим людям в вашей нише. Оно может иметь отношение к вашему бренду (например качество обслуживания клиентов, соотношение цены и качества или общий образ компании) или к конкретному продукту (к примеру наилучшее решение определенной задачи по сравнению с любым другим предложением). Эффективное УТП объединяет множество отдельных элементов в уникальный клиентский опыт.

Апсейл

Апсейл — повышение продаж — происходит, когда успешная продажа уже состоялась и за ней следует дополнительная покупка чего-либо, связанного с первым продуктом. Апсейл, как правило, имеет мало смысла без первоначальной покупки. Это могут быть, к примеру, чехлы на сиденья недавно приобретенного автомобиля (то есть вам не нужны чехлы, если у вас нет сидений). Он улучшает или заменяет первоначальную покупку. Это полная противоположность даунсейлу, который включает в себя предложение продукта меньшей ценности.

Ценность или предложение ценности

Ценность – это все, что приводит индивидуума к более высокому состоянию субъективного счастья. Она зависит от личных целей каждого человека. Чем более специфическое ощущение счастья может доставить продукт или услуга, тем большей ценностью они будут обладать. Предложение ценности является особым заявлением о влиянии вашего продукта или услуги на потребителей. Это результат использования того, что вы продаете, а не отличительные признаки объекта или действия.

Приложение 2

50 полезных вопросов для начала предпринимательской деятельности

Вопросы для разрушения старых привычек

1. Насколько вы довольны вашей нынешней жизнью? Чувствуете ли вы себя полностью удовлетворенным или ищете что-то более значимое и захватывающее?

2. Каковы основные болевые точки, с которыми вы имеете дело прямо сейчас? Как долго они на вас влияют?

3. Давят ли на вас ожидания окружающих вас людей?

4. Какие шаги вы предприняли, чтобы преодолеть эти препятствия? Насколько успешно вам это удалось?

5. Какие давние амбиции вы откладывали, потому что никогда не было «подходящего» времени?

6. Какие социальные или эмоциональные шаблоны из вашего прошлого останавливают вас от принятия того образа жизни, который вы действительно хотите?

Вопросы для обнаружения вашего предпринимательского вдохновения

7. Каковы ваши самые глубокие внутренние убеждения?

8. Что в вас есть уникального и нестандартного?

9. Вокруг каких талантов, интересов или опыта вы хотели бы построить свой бизнес?

10. Какие самые серьезные вопросы касательно ваших увлечений вам задавали? В чем заключаются наиболее серьезные проблемы, требующие вашего решения?

11. Что, по вашему мнению, является вашей сильной стороной? Каковы ваши слабости?

12. Какую самую ценную информацию вы можете предложить миру?

13. Каким образом этот новый вид работы поможет вам начать вести тот образ жизни, который вы действительно хотите? Откуда вы знаете, что не останетесь в том же месте, в котором находитесь сейчас?

14. Есть ли в вашей жизни какие-либо активные стимулы, которые воодушевляют и поддерживают вас на пути к вашим целям?

Вопросы для определения организации образа жизни

15. Как вы в настоящее время поддерживаете себя в финансовом плане? Довольны ли вы количеством денег и работой, которую выполняете?

16. Если завтра вы уволитесь со своей работы, как долго вы сможете комфортно жить, прежде чем потратите все свои сбережения?

17. Развитие бизнеса потребует много вашего времени и, возможно, денег. Сколько времени и денег вы можете инвестировать в развитие своего бизнеса прямо сейчас?

18. Это ваша первая попытка основать бизнес? Каким еще подходящим опытом вы обладаете?

Вопросы для оптимизации бизнеса на этапе становления

19. Какова цель вашего бизнеса? Опишите идеальный бизнес и свою роль в нем.

20. Каким уровнем социального влияния вы обладаете? А как насчет вашего бренда?

21. Что важнее для вас прямо сейчас: генерирование быстрого дохода или долгосрочное развитие компании?

22. Если завтра объем вашего бизнеса увеличится в два раза, будете ли вы готовы с этим справиться? Сможете ли вы выполнить все заказы? А что, если бизнес вырастет в три или четыре раза?

Вопросы для формулирования концепции вашей компании

23. Расскажите мне о внутренней ценности вашего продукта (какие практические проблемы он решает?).

24. Расскажите мне об эмоциональной ценности вашего продукта (какие эмоции люди испытывают при взаимодействии с ним и какую ценность он несет в себе?).

25. Чем ваш бизнес уникален или необычен по сравнению с конкурентами в этой же отрасли?

26. Где вы черпаете вдохновение для своего бизнеса?

27. Какой человек, скорее всего, захочет совершить у вас покупку? Опишите его как можно подробнее.

28. Является ли ваша личность основной составляющей образа вашего бренда? Вы хотели бы, чтобы так было?

29. Какую важную информацию о ценностях, которые продвигает ваш бренд, вы можете предоставить своей аудитории?

30. Какие другие отрасли или компании могут извлечь выгоду из ваших продукта и концепции? В свою очередь, какую выгоду вы могли бы извлечь из продукта и концепции других компаний?

Вопросы для разработки и развития продуктов и услуг

31. Какой продукт/пакет вы предлагаете в качестве стартового предложения?

32. Какие другие продукты вы хотите продвигать вместе с этим товаром в качестве перекрестной продажи или апсейла?

33. Как эти дополнительные предложения дополняют или улучшают первоначальное?

34. Что делает ваше предложение уникальным и наиболее ценным по сравнению с другими предложениями в этой же категории?

35. Какой именно потенциальный клиент сможет извлечь наибольшую выгоду из вашего продукта?

36. Перечислите все возможные проблемы, которые может решить ваше предложение.

37. Как вы собираетесь уменьшить или устранить риск потребителя от покупки вашей продукции?

Вопросы для определения потенциальных клиентов

38. Что может помешать человеку получить максимально возможный эффект от использования вашего продукта?

39. Каким требованиям он должен соответствовать, чтобы быть в состоянии купить ваш продукт?

40. Какие возражения могут остановить человека от покупки, даже если он полностью квалифицирован для вашего продукта?

41. Какой продукт или услугу в настоящее время использует большинство людей в качестве замены вашему продукту?

42. В чем заключается их предыдущий опыт покупки этого вида продукции?

Вопросы для определения метрик вашей компании

43. Сколько единиц продукции вы продаете в месяц?

44. Какова средняя стоимость вашего продукта?

45. Какова средняя стоимость заказа?

46. Какие у вас показатели рентабельности?

47. Сколько денег тратят ваши клиенты на повторные покупки (какова долгосрочная потребительская ценность вашей продукции)?

48. Каковы наиболее и наименее продаваемые продукты?

49. Как вы привлекаете новых клиентов? Сколько новых потенциальных клиентов у вас появляется в месяц?

50. Как вы поддерживаете связь с существующими потребителями? Как часто вы это делаете?

Приложение 3

Как заработать деньги онлайн

Мне очень часто задают вопрос о том, как заработать деньги онлайн. На самом деле это, вероятно, единственная большая мечта тех, кто еще находится в ловушке тупиковой корпоративной работы. Для неосведомленных людей Интернет представляет собой новый революционный способ зарабатывать деньги, занимаясь при этом тем, чем хочется. Это очень недальновидное убеждение, и именно это желание «быстро разбогатеть» мешает столь многим людям начать работать с прочного фундамента.

Несмотря на современные заблуждения, бизнес в Интернете принципиально ничем не отличается от ведения бизнеса офлайн. Сеть просто предоставляет новое, быстро развивающееся пространство для продвижения своего бизнеса и управления им.

Что Интернет НЕ предоставляет:

- Волшебную кнопку для генерирования денежных потоков без серьезных усилий.

- Короткий путь или альтернативу построения реальной бизнес-модели либо создания настоящей ценности.

- Бизнес как временное увлечение.

- Нечто, что требует серьезных технических навыков, которыми обладают только гении и вундеркинды.

Веб-сайты

Раньше создание сайтов было весьма сложным и дорогим процессом. Сегодня существуют сервисы, которые позволяют создать собственный базовый сайт и управлять им совершенно бесплатно; вы также можете разместить на них более динамичный сайт за небольшую месячную плату. Wix, Weebly и Squarespace – одни из самых популярных конструкторов для создания простых веб-сайтов. Они обладают функцией «захвата» и перемещения элементов мышью, что значительно упрощает весь процесс. WordPress – популярная система управления контентом с большей свободой выбора дизайна и функциональности, но она является и более сложной в использовании. Эти и другие инструменты делают разработку профессионально выглядящего веб-сайта вполне доступной любому человеку.

Ваш сайт – это интерактивное отображение вашего бизнеса. Как минимум, он должен демонстрировать товары или услуги, которые вы предлагаете, ценность, которой они обладают, и самый простой способ, как начать с вами сотрудничество. Базовый вариант – это хорошо всем известный сайт-визитка, единственная цель которого заключается в том, чтобы убедить пользователя позвонить вам или отправить письмо по электронной почте. Сайт также может представлять из себя портфолио или являться полноценным интернет-магазином с широким выбором товаров, корзиной для покупок и функцией обработки онлайн-платежей. Когда люди жалуются на сложности с разработкой или дизайном веб-сайта, они на самом деле жалуются на то, что у них нет четкого видения своего бизнеса.

Ваш сайт должен содержать минимальное количество письменного контента и других медиафайлов – это поможет вашей компании презентовать себя более эффективно. Многие начинающие предприниматели зацикливаются на этой проблеме, желая охватить каждый аспект своей личности и своего бизнеса. Кроме того, они не понимают, что в первую очередь ищет обычный пользователь, переходя на сайт. С учетом того, как в наши дни люди используют Интернет, помните, что в вашем распоряжении зачастую есть всего несколько секунд, чтобы успеть заинтересовать посетителя и убедить его остаться на вашем сайте.

На главной странице могут быть только слоган и один параграф с краткой информацией о том, чем занимается ваша компания, что делает ее уникальной, кто является вашей целевой аудиторией и что пользователь должен сделать дальше. Она также может содержать гораздо больше текста, который подробно рассказывает о ценностях и флагманских продуктах вашей компании, чтобы убедить человека продолжить чтение. В зависимости от того, что именно вы хотите сказать, вы можете расширить свое сообщение, создав разделы «О себе», «Товары и услуги», «Часто задаваемые вопросы (FAQ)» и другие. В таком случае вам придется либо провести достаточно много времени в Сети, чтобы ознакомиться с современными тенденциями и практиками, либо заплатить кому-то с опытом работы в этой области.

Цель интернет-маркетинга заключается в том, чтобы заставить абсолютно незнакомых людей обратить на вас внимание. Это означает, что вы должны направлять свое сообщение туда, где они уже проводят свое время, и предоставлять им веские основания переключить свое внимание на вас. Даже в сравнительно новом контексте Интернета существует много способов сделать это, и количество подобных возможностей растет с каждым годом. Вот лишь несколько категорий, на которые стоит обратить внимание.

Платные объявления

Наиболее распространенные формы платных онлайн-объявлений включают в себя баннеры на веб-сайтах, рекламные посты в социальных сетях, рекламные ролики на YouTube и так далее. Они наиболее эффективны, если у вас есть очень короткое, четкое сообщение для конкретной целевой аудитории. Вам не стоит платить за общую рекламу, которую будут показывать всем подряд, в надежде, что некоторые из этих людей действительно захотят перейти на ваш сайт. Это самый быстрый способ потратить впустую ваш бюджет на рекламу.

Контент-маркетинг

Еще один способ привлечь внимание пользователей – это обладать чем-то ценным, что они будут активно искать в Интернете. Социальные сети, блоги, подкасты и каналы YouTube являются очень эффективными средствами для естественного роста бизнеса за счет производства ценного контента. Для определенных типов людей контент-маркетинг является идеальной стратегией, но обычно должно пройти достаточно много времени, прежде чем можно будет увидеть значительные результаты.

Холодный поиск клиентов

Предыдущие примеры требуют терпения и ожидания, что вас кто-то заметит. Их можно рассматривать в качестве пассивных или непрямых методов маркетинга. Они идентичны ловушке: вы устанавливаете ее и делаете как можно более привлекательной в надежде, что добыча сама в нее попадет. Более прямой подход заключается в том, чтобы начать охоту самому, а это означает, что вам необходимо выйти на людей, которым вы пока еще не нужны. Нет ничего, что могло бы помешать вам совершить телефонный звонок, отправить письмо по электронной или обычной почте или даже ходить от двери к двери, рассказывая о своей компании людям, которые публично размещают свою контактную информацию.

Внезапное присутствие в чьем-то почтовом ящике или неожиданный телефонный звонок являются для большинства людей довольно сложной, даже непосильной задачей. Их не устраивает перспектива преследования добычи с копьем в руке, полагаясь только на собственные силы и ум, чтобы достичь цели. С помощью практики вы сможете научиться презентовать себя таким образом, что даже совершенно незнакомые люди захотят продолжить разговор с вами. В этом случае вам будет легко даваться агитационная работа, так как вы увидите много разнообразных возможностей для привлечения новых потенциальных клиентов.

Трехсторонние платформы

Вы можете использовать трехсторонние платформы для размещения рекламы, создания собственной репутации и получения прибыли. Преимущество таких фриланс-бирж, как Upwork, PeoplePerHour, Fiverr и других, заключается в том, что они уже имеют обширную квалифицированную аудиторию и с удовольствием представят вас ей за небольшую плату или процент от вашего заработка. Если вы продаете физические товары, отличным способом продемонстрировать всю свою продукцию являются такие сайты, как Amazon и eBay.

Они могут существенно помочь вашему бизнесу, потому что люди, посещающие их, находятся в активном поиске продукта, который они уже готовы купить, и многие из этих площадок позволяют оставлять отзывы по результатам успешных сделок. Недостатком подобной модели является то, что вас все равно контролирует политика сайтов, через которые вы продаете свои товары или услуги, и они обычно берут 10–20% комиссионных от вашего дохода. На самом деле это небольшая плата, особенно для новичка, у которого пока еще нет стабильной клиентской базы.

Хотите узнать больше?

Спасибо за то, что прочитали мою книгу. Я буду очень признателен, если вы потратите немного времени и оставите отзыв о ней на Amazon по следующей ссылке: a.co/jcM3Ts6. Это займет у вас всего минуту, но очень поможет мне как начинающему писателю.

На основании тем, освещенных в данной книге, был разработан онлайн-курс, который шаг за шагом приведет вас к созданию уникального образа вашего бренда. Вы получите подробные указания о том, как лучше всего донести свое послание целевой аудитории.

www.brandidentitybreakthrough.com/course

Я могу помочь вашей компании найти свой образ, а также провести мастер-классы или семинары практически в любой точке мира. Если вы представляете некоммерческую образовательную организацию, пожалуйста, не стесняйтесь спросить, чем я могу быть вам полезен.

Пишите мне по адресу: contact@gregorydiehl.net.

Слова благодарности

Хочу выразить свое самое глубокое восхищение Хелене Линд, которая поверила в меня, несмотря на то, что мы ни разу не встречались. Ее идентичные моим взгляды охотника и вдохновляющего супергероя оказались бесценными для развития образа моего бренда.

Особая благодарность спонсорам Пурушу Раджагопалу и Оливье Вагнеру, а также Тревору Спенсеру, Джеймсу Гузману и Джону Локвуду из Borderless Society за их поддержку на раннем этапе написания этой книги. Благодаря им ее финальная версия увидела свет.

Я благодарен многим смельчакам, которые посвятили свое время критике этой книги в самом начале моей работы над ней, что, несомненно, удвоило или даже утроило ее качество. Среди них – Сара Шетти, Анна Даунс, Жанин Ледер, Роберт Хайдер, Джо Лев, Филип Хигтинсон, Натан Роуз, Янеш Тробевзек, Ребекка Кейбл и Тим Коултер.

И, наконец, я хотел бы еще раз почтить память покойного Джона А. Пагсли за его помощь в критический момент моей жизни. Идеологические семена, посеянные в мой разум много лет назад, превратились в новые жизненные структуры, и я продолжаю нести в мир принципы Джона своими действиями и словами. Работы всей его жизни по-прежнему остаются актуальными даже в сегодняшних условиях быстро меняющейся политической и экономической ситуации, потому что он думал и писал в соответствии со своими убеждениями – благородная черта, которой я всегда старался подражать.

Об авторе

Грегори В. Дил понимал важность универсальных идеалов в очень молодом возрасте. Родом из Калифорнии, он вскоре отправился в долгое путешествие на поиски знаний, самопознания, предпринимательства и глобальных исследований. Он жил и работал в 50 странах по всему миру и продолжает делиться своим опытом, помогая другим людям на пути их самореализации и развития посредством обучения.

Первая книга Грегори «Революция бренда» стала бестселлером на Amazon. Вторая его книга под названием «Путешествие как трансформация» описывает 10 лет личностного роста благодаря жизни в 50 странах мира. Его подкаст «Неудобные разговоры с Грегори» проникает в самую суть представлений людей о себе. Он помогает предпринимателям подготовить комплексное ценностное сообщение для распространения через различные каналы коммуникации, а также проводит тренинги по нетрадиционному образу жизни и консультации по созданию образа бренда для отдельных лиц и компаний.

Больше информации вы сможете получить на www.gregorydiehl.net.

www.ingramcontent.com/pod-product-compliance
Lightning Source LLC
Chambersburg PA
CBHW031921190326
41519CB00007B/375